Das Buch ist eine Einführung in die Positive Psychotherapie und in das Leben ihres Begründers Nossrat Peseschkian. Die Form dieses Buches ist den Methoden der Positiven Psychotherapie in besonderer Weise adäquat, da diese in hohem Maße auf der Verbindung von interkulturellen Wechselwirkungen und der Vermittlung von persönlichen (Lebens-)Geschichten beruhen.

In Persien geboren, hat Nossrat Peseschkian in Deutschland seine zweite Heimat gefunden; hier schuf er eine zeitgemäße Methode ganzheitlicher Psychotherapie, in der sich östliche und westliche Lebensweisheit die Hand reichen. Aus dem Dialog der Kulturen können wir mit Hilfe der Positiven Psychotherapie die Kräfte schöpfen, die wir für eine friedliche Gestaltung unserer Zukunft benötigen.

Nossrat Peseschkian hat zahlreiche Bücher veröffentlicht, die bisher in 22 Sprachen übersetzt wurden und eine Gesamtauflage von nahezu 500 000 Exemplaren erreicht haben.

Thomas Kornbichler, Dr. phil., Dipl.-Psych., geboren 1956, arbeitet als Psychotherapeut, Supervisor und Coach in eigener Praxis und leitet in Berlin das »Märkische Institut für Psychotherapie«. Er ist Autor zahlreicher Bücher, Essays und Rundfunkbeiträge; zuletzt veröffentlichte er »Die Sucht, ganz oben zu sein« und »Wann hilft eine Psychotherapie?«

Unsere Adresse im Internet: www.fischerverlage.de

Thomas Kornbichler
unter Mitarbeit von Manije Peseschkian

Nossrat Peseschkian
Morgenland – Abendland

Positive Psychotherapie
im Dialog der Kulturen

Fischer Taschenbuch Verlag

2. Auflage: Februar 2007

Originalausgabe
Veröffentlicht im Fischer Taschenbuch Verlag,
einem Unternehmen der S. Fischer Verlag GmbH,
Frankfurt am Main, Mai 2003
© Fischer Taschenbuch Verlag, in der S. Fischer Verlag GmbH,
Frankfurt am Main, Mai 2003
Lektorat Anita Jantzer
Gesamtherstellung: Clausen & Bosse, Leck
Printed in Germany
ISBN 978-3-596-15861-4

Inhalt

Vorwort 9

Nossrat Peseschkian – Geschichte seines Lebens 13
  Transkulturelle Erfahrungen –
  Studium in Deutschland 16

Morgenland 21
  Geburtsland Iran 23
  Die Ursprungsfamilie 31
  Kindheit in Kaschan 38
  Jugend in Teheran 47
  Menschliche Solidarität 67
  Literaturstudium in Teheran 74

Abendland 77
  Studium der Medizin –
  neue transkulturelle Erfahrungen 79
  Nossrat Peseschkian und seine Familie 84
  Facharztausbildung 104
  Psychotherapeutische Praxis und Tagesklinik 113
  Eine psychotherapeutische Methode wird geboren . 118
  Vorträge und Bücher 125
  Ein Brückenbauer zwischen Morgen- und Abendland 135
  Auf Reisen 139

Lebenswerk 145
  Grundlagen der Positiven Psychotherapie 147
  Zum Nachdenken:
  Geschichten aus tausend und einer Psychotherapie . 176
  Der Arzt 186
  Wissenschaftliche Tätigkeit 188

Schwerpunkte transkultureller Aktivitäten 190
Ehrungen 196
Veröffentlichungen 199
Nossrat Peseschkian
im Spiegel von Kolleginnen und Kollegen 201
Nossrat Peseschkian – Lebenslauf 212

Anhang 215
Danksagungen 217
Bildnachweis 221
Anschriften / Kontakte 222

Über das ewige Leben

König Anoschirwan, den das Volk auch den Gerechten nannte, wandelte durch sein Reich. Auf einem sonnenbeschienenen Hang sah er einen ehrwürdigen alten Mann arbeiten. Gefolgt von seinem Hofstaat, trat der König näher und sah, dass der Alte kleine, gerade ein Jahr alte Stecklinge pflanzte. »Was machst du da?«, fragte der König. »Ich pflanze Nussbäume«, antwortete der Greis. Der König wunderte sich. »Du bist schon so alt. Wozu pflanzt du dann Stecklinge, deren Laub du nicht sehen, in deren Schatten du nicht ruhen und deren Früchte du nicht essen wirst?« Der Alte schaute auf und sagte: »Die vor uns kamen, haben gepflanzt, und wir konnten ernten. Wir pflanzen nun, damit die, die nach uns kommen, ernten können.«

(aus: *Positive Psychotherapie*)

Vorwort

»Wer sich selbst und andre kennt
Wird auch hier erkennen:
Orient und Okzident
Sind nicht mehr zu trennen.«

Johann Wolfgang von Goethe (*West-östlicher Divan*)

Dieses Buch erscheint anlässlich des 70. Geburtstages von Nossrat Peseschkian. Es erzählt das Leben des Begründers der Positiven Psychotherapie und stellt die Grundgedanken seiner Theorie dar. Quellen für seine außergewöhnliche Lebensgeschichte waren vor allem zahlreiche familiengeschichtliche Aufzeichnungen und Anekdoten, die mir Manije Peseschkian in humorvoller Zusammenarbeit erschloss. Die zahlreichen Fotos aus dem Archiv der Familie Peseschkian ergänzen die biographische Darstellung.

Diese Biographie richtet sich über den Kreis der Psychotherapeuten und Gesundheitsexperten hinaus an die breitere Öffentlichkeit. Es erschließt einen leichtfüßigen Zugang zur Positiven Psychotherapie, die seit Jahren die Entwicklung der öffentlichen Psychohygiene und Psychotherapie maßgeblich mitbestimmt.

Aus Persien stammend, hat Nossrat Peseschkian in Deutschland seine zweite Heimat gefunden. Hier schuf er eine zeitgemäße Methode ganzheitlicher Psychotherapie, in der sich östliche und westliche Lebensweisheit die Hand reichen. In alle Regionen unserer Welt ausgreifend, hat Nossrat Peseschkian das psychotherapeutische Wissen unserer Zeit vor dem Hintergrund uralter Menschheitstraditionen in Ost und West systematisiert und zu einem der brauchbarsten Werkzeuge sinnvoller Lebensgestaltung ausgebaut.

Aus dem Dialog der Kulturen können wir mit Hilfe der Positiven Psychotherapie Kräfte schöpfen, die wir für eine friedliche Gestaltung unserer künftigen Lebenswelt dringend benötigen. Nossrat Peseschkian appelliert in diesem Zusammenhang an die Verantwortung eines jeden Einzelnen von uns – gemäß dem Motto:

> »Willst du die Welt in Ordnung bringen,
> musst du erst das Land in Ordnung bringen.
> Willst du das Land in Ordnung bringen,
> musst du erst die Provinzen in Ordnung bringen.
> Willst du die Provinzen in Ordnung bringen,
> musst du erst die Städte in Ordnung bringen.
> Willst du die Städte in Ordnung bringen,
> musst du erst die Familien in Ordnung bringen.
> Willst du die Familien in Ordnung bringen,
> musst du die eigene Familie in Ordnung bringen,
> Willst du die eigene Familie in Ordnung bringen,
> musst du dich selbst in Ordnung bringen.«

»Sich-in-Ordnung-Bringen« bedeutet mehr als ein rationales Strukturieren. Eine sinnvolle Ordnung unseres Lebens entsteht aus der gelebten Balance unserer ganzheitlichen Bedürfnisse, die aus unserer körperlichen, sozialen, natürlichen und geistigen Existenz erwachsen. Seelische Störungen erleiden wir aus einem Ungleichgewicht von Erwartungen, Fähigkeiten und Möglichkeiten heraus. Positive Psychotherapie ist eine zeitgemäße Methode ganzheitlicher Heilkunde. Sie hilft, unsere Liebes- und Erkenntnisfähigkeiten zu erkennen und zu entwickeln. Sie gründet in einer mehr als hundertjährigen Geschichte der Psychotherapie und erweist sich vor allem als praktische, allgemein verständliche und breit anwendbare Methode bewusster Lebensgestaltung.

Dieses Buch lässt den Begründer der Positiven Psychotherapie in seiner persönlichen Entwicklung lebendig werden. Anders als in den Naturwissenschaften wird in den Humanwissenschaften die Entwicklung von Theorie und Praxis immer auch stark von den Persönlichkeiten und existenziellen Situationen der Wissenschaftler und Wissenschaftlerinnen geprägt. Mein Porträt Nossrat Peseschkians ist ein Versuch, in diese Zusammenhänge hineinzuleuchten.

In der Darstellung war mir wichtig, einen Eindruck von der lebendigen, geistreichen und humorvollen Art zu vermitteln, mit der Nossrat Peseschkian seinen Mitmenschen begegnet. Die Fülle der Sinnsprüche und Geschichten entspricht der ermutigenden Eigenart Nossrat Peseschkians, nie um ein Gleichnis verlegen zu sein.

Thomas Kornbichler
Berlin / Schöbendorf September 2002

Nossrat Peseschkian – Geschichte seines Lebens

»Du kannst kein Buch öffnen,
ohne etwas daraus zu lernen.«

Lebensweisheit

Nossrat Peseschkian (2001)

Ein Dachgarten und zwei Welten

Auf dem Dachgarten eines Hauses schliefen in einer Sommernacht die Mitglieder einer Familie. Die Mutter sah, voll Missgunst, dass ihre nur widerwillig geduldete Schwiegertochter und ihr Sohn eng aneinander geschmiegt schliefen. Diesen Anblick konnte sie nicht ertragen, weckte die beiden Schläfer und rief: »Wie kann man nur bei dieser Hitze so eng zusammen schlafen. Das ist ungesund und schädlich.« In der anderen Ecke des Dachgartens schliefen ihre Tochter und der verehrte Schwiegersohn. Beide lagen voneinander getrennt, mindestens einen Schritt weit auseinander. Fürsorglich weckte die Mutter die beiden und flüsterte: »Ihr Lieben, wie könnt ihr nur bei dieser Kälte so weit voneinander liegen, statt euch gegenseitig zu wärmen?« Dies hörte die Schwiegertochter. Sie richtete sich auf und sprach mit lauter Stimme wie ein Gebet folgende Worte: »Wie allmächtig ist Gott. Ein Dachgarten und ein so unterschiedliches Klima.«

(aus: *Auf der Suche nach Sinn*)

Transkulturelle Erfahrungen – Studium in Deutschland

»Ich wünsche nicht, mein Haus mit Mauern zu umgeben
und meine Fenster zu verrammeln.
Die Kulturen aller Länder sollen mein Haus ungehindert umwehen.
Keiner aber soll mich von meinem Mutterboden losreißen.«

Mahatma Gandhi

1954 kam Nossrat Peseschkian als junger Mann nach Deutschland, wo er sich in Freiburg im Breisgau an der Universität einschrieb. Seine Zimmerwirtin in Freiburg pflegte öfters das Wort »gelle« zu benutzen. Nossrat, der eifrig Deutsch lernte, suchte vergeblich in seinem Wörterbuch nach einer Übersetzung dieses Wortes. Die neue transkulturelle Wirklichkeit hatte weitaus mehr zu bieten, als es schwarz auf weiß zu lesen gab. Alle diese Erlebnisse und Erfahrungen flossen in die Ausbildung der von ihm geschaffenen Positiven Psychotherapie ein. Ende der siebziger Jahre stellte er im Vorwort zu seinem Buch »Psychotherapie des Alltagslebens – Konfliktlösung und Selbsthilfe« fest: »Seit 1968 arbeite ich an einem neuen Verfahren der Psychohygiene und Psychotherapie, die mir auf der Basis umfangreichen Erfahrungsmaterials in der psychotherapeutischen Praxis bei psychosomatischer Orientierung zugänglich wurde. Obwohl die Früchte im europäischen Okzident reiften, wurzelt der Baum, der sie trug, im persischen Orient, der Heimat meiner Geburt und Jugend. So stellen dieses Buch und, wie ich hoffe, meine psychotherapeutische Tätigkeit den Versuch dar, die Erkenntnisse des Orients mit den Fortschritten des Okzidents zu vereinen. Ich bin mir bewusst, dass ein solcher Versuch von seinem Ansatz her viele Probleme in sich verbirgt. Dennoch halte ich ihn gerade in einer Zeit, in der die geographischen Entfernungen aufgehoben werden, für nützlich, wenn nicht gar für notwendig.« In einem fremden Land neu anzufangen und das Leben zu gestalten, war interessant und reizvoll, aber auch schwierig. In der Nachkriegszeit war es selbst für Deutsche oft nicht leicht, im Alltag wieder Fuß zu fassen. Für den persischen Studenten Nossrat Peseschkian war es nicht immer einfach, die richtigen Informationen zu erhalten, weder im Iran noch in Deutschland. Er reiste mit vagem Wissen über Land und Leute in die Bundesrepublik.

In den Kreisen seiner Wirtsfamilie wurde er herzlich aufgenommen; es waren unvergessliche Jahre – alle Eindrücke neu und fremd. Damals war es durchaus üblich, dass persische Studenten zu Weihnachten von deutschen Familien eingeladen wurden. So konnten erste transkulturelle Erfahrungen in praktischen Lebenszusammenhängen gesammelt werden. Auch heute, nach einem halben Jahrhundert, denkt er gerne an eine Episode zurück, die ihn sehr beeindruckt hatte: Ihm wurde ein Stück Kuchen angeboten – als höflicher Perser sagte er: »Vielen Dank, nein« – meinte es aber nicht so. Denn in Persien greift man erst beim zweiten oder dritten Angebot zu.

Eine andere Erfahrung war die, dass er beim Autofahren den Vogel gezeigt bekam; Nossrat Peseschkian nahm diese Geste – ganz Orientale – als freundlichen Gruß auf. Erst viel später verstand er die Bedeutung: »Du hast wohl einen Vogel.«

> »Wenn zwei einen Apfel besitzen und ihn austauschen,
> bleibt jedem der beiden auch danach nur ein Apfel.
> Wenn aber dieselben je eine Idee haben und sie austauschen,
> hat jeder dadurch zwei Ideen.«
>
> George Bernard Shaw

Nossrat Peseschkian ist ein Wanderer zwischen zwei Welten. Er sagt: »Bei der Arbeit und im Alltagsleben begegnen wir täglich Menschen aller Nationen. Nicht nur äußerlich unterscheiden sie sich, viel gravierender sind oft die Unterschiede, die man auf den ersten Blick gar nicht wahrnimmt: die Sprache beispielsweise, die Religion, bestimmte Gesten, das Auftreten oder die Essgewohnheiten. Wer von uns hat das noch nicht erlebt: Man steht ratlos vor einem Menschen und versucht dessen Gesten zu interpretieren. Jeder, der längere Zeit im Ausland gelebt hat, macht seine Erfahrungen und kann davon profitieren. Dennoch gibt es vieles, das wir auch nach Jahren nicht verstehen bzw. falsch interpretieren. Oft wissen wir gar nicht, dass wir durch diese Unkenntnis die Gefühle anderer verletzen.« Die Unterschiede zwischen den Kulturen sind sehr groß. Krisen und Konflikte in unserem unmittelbaren Umfeld, aber auch im Zusammenhang mit der Globalisierung, machen uns bewusst, wie schwierig der Umgang miteinander sein kann. Trotz der Tendenz zu multikulturellen Gesellschaften bleibt jeder Kulturkreis auch ein geschlossenes System von Wertekategorien, sozialen Verhaltensweisen und Wahrnehmungsformen der jeweiligen Gesellschaft. Auch die Kommunikation jedes Kulturkreises unterliegt unterschiedlichen Regeln. Ein Beispiel: Wenn man in Deutschland spazieren geht und Bekannte trifft, kommt es gleich nach der Begrüßung zu einem Frage-Antwort-Spiel: »Wie geht es Ihnen?« – »Danke gut. Wie geht es Ihnen?« Im Orient hört sich dies etwas anders an: »Wie geht es Ihnen, wie geht es Ihrer Familie?« Die Frage nach der Familie gehört einfach dazu. Hinter diesen unterschiedlichen Höflichkeitsritualen finden wir ein unterschiedliches Konzept von Identität. Im Abendland gilt das Ich als Bezugspunkt der eigenen Identität. Man nimmt an, wenn das Ich »in Ordnung« ist, müsste es mit der Familie, dem Beruf auch so sein. Das orientalische Konzept setzt einen anderen Schwerpunkt: Wenn es meiner Familie gut geht, geht es auch mir gut. Die Familie bildet unmittelbare Identität und Selbstwertgefühle. Nossrat Peseschkian sagt: »Beide Konzepte haben ihre Vor- und Nachteile, die Verbundenheit mit der Familie genauso wie die Ablösung von ihr. In meiner Arbeit geht es nicht darum zu beweisen, dass die eine oder andere Auffassung richtig ist. Wir wollen die Bedingungen untersuchen, unter denen sich derartige Konzepte entwickelt haben, die Folgen beschreiben, die sie nach sich ziehen, und nach Möglichkeiten suchen, wie wir therapeutisch und in der Selbsthilfe mit ihnen umgehen können.«

Als ein Stück Heimat hatte Nossrat Peseschkian seine Geige nach Deutschland mitgebracht. Er spielte in Freiburg gerne persische und klassische Musik, verband so musikalisch die noch geteilten Erfahrungen zwischen Ost und West – und schweifte in seiner Phantasie zurück ins Morgenland, wo ihm von klein auf in seiner großen Familie Geschichten aus Tausendundeiner Nacht erzählt worden waren.

Morgenland

»Die Erde ist nur ein Land
und die Menschen sind seine Bürger.«

aus den *Baha'i-Schriften*

Das Marionettenspiel

Im Zelt eines Marionettenspielers stand dicht gedrängt eine Menschenmenge, die lauthals lachend dem Spiel der Marionetten folgte. Ganz hinten stand ein Vater mit seinem Sohn. Während der Vater auf den Zehenspitzen stehend die Szene gerade noch sehen konnte, reichte der Sohn mit seinem Kopf nur bis zur Hüftschärpe der Umstehenden. Er reckte sich den Hals aus und weinte schließlich, bis ihn der Vater auf die Schultern nahm. War das ein Vergnügen! Hoch oben über alle Turbane hinweg sah nun der Junge das lustige Spiel der Puppen. Er weinte nicht mehr, sondern jauchzte, hüpfte auf den Schultern des Vaters, als wäre er ein Reiter, und der Vater das Pferd. Begeistert trommelte er mit seinen Fäusten auf den Kopf des Vaters, trampelte mit seinen Füßen gegen dessen Brust und vergaß völlig, dass er auf seinem Vater saß. Plötzlich merkte er eine Hand auf seiner Schulter. Erschreckt drehte er sich um und sah einen weißbärtigen, gütig blickenden Derwisch. »Mein Sohn«, sprach dieser, »du amüsierst dich sehr gut, du siehst das Marionettentheater besser als viele andere im Zelt. Doch denke daran, wenn dein Vater sich nicht die Mühe gemacht hätte, dich auf seine Schultern zu laden, stündest du noch unten, im Schatten der anderen. Vergiss also nicht, auf wessen Schultern du sitzt. Du solltest dich freuen und glücklich sein. Du solltest aber auch die anderen, auf deren Schultern du glücklich bist, nicht vergessen.«

(aus: *Positive Psychotherapie*)

Geburtsland Iran

>»Der glücklichste Mensch,
>der das Ende seines Lebens
>mit dem Anfang in Verbindung setzen kann.«
>
>Johann Wolfgang von Goethe (*Maximen und Reflexionen*)

Nossrat Peseschkian stellt fest: »Der ›Iraner‹ ist ein Mensch aus einer alten Kultur. Sein Land besaß bereits eine Ausstrahlung auf die Welt der Antike, lange bevor man in Europa das Schreiben erlernte. Der Ausländer, woher er auch kommt, hätte daher auch nur den geringsten Anlass, eine Überlegenheit herauszukehren«.

Eine zufällige Bekanntschaft genügt, um weitere Verbindungen herzustellen. Oft kommt bereits bei einer ersten Begegnung ein Gespräch mit völliger Ungezwungenheit zustande. Der Besucher freut sich über solche Gelegenheiten und die freundliche Aufmerksamkeit, die man ihm entgegenbringt. Zwischen der westlichen Welt und dem Fernen Osten war Persien immer ein »Reich der Mitte«. In den Tagen vergangener Größe war dieses Land berühmt unter den Nationen, unerreicht an Zivilisation, Macht und Glanz. Aus Persien stammten große Könige und Staatsmänner, Propheten und Dichter, Philosophen und Künstler: Zoroaster, Kyros, Darius, Hafis, Firdausi, Saadi und Umar Khayyam sind nur einige seiner vielen berühmten Persönlichkeiten. Das Kunsthandwerk blühte und der Handel verband den Fernen Osten mit Europa. In allen Teilen des Nahen und Mittleren Ostens hat Persien (seit 1935 ist Iran amtlicher Name des Staates) Spuren früherer Größe hinterlassen.

»Iran« bedeutet im Altpersischen »Land der Arier« (Arya = Sonnensöhne). Das heutige iranische Staatsgebiet ist so groß wie Frankreich, die Schweiz, Großbritannien und Spanien zusammengenommen. Derzeit leben dort ungefähr 57 Millionen Menschen, davon etwa die Hälfte in großen Städten. 65 Prozent der iranischen Bevölkerung sind Perser, etwa 20 Prozent turktatarische Aserbaidschaner (Aseri), circa 8 Prozent Kurden und 2 Prozent Araber. Viele weitere ethnische Volksgruppen sind recht ungleich im Land angesiedelt: Luren (Nachkommen der Meder), Bakhtiaris (Nachkommen der Parther), Belutschen, Armenier, Juden, Assyrer, Afscharen und andere mehr.

Die Zeiten, in denen der Iran sich um die Weltkultur bemühte, sind jedoch vorbei – und dies ist nicht einfach. Dazu braucht man einen erweiterten Horizont, Offenheit, Freiheit, Liberalität, Toleranz, Akzeptanz anderen Kulturen gegenüber und Sinn für die Multikulturalität. Im heutigen Iran ist dies unvorstellbar. Die enge Sichtweise ist das größte Hindernis, um eine neue Kultur zu schaffen. In allen totalitären und diktatorischen Systemen herrscht die immer gleiche Misere: Gedankenfreiheit, Fortschritt in Kunst und Wissenschaft und Humanismus sind Mangelware. Wenn man einen tiefen Blick in die mehrere tausend Jahre alte Geschichte Irans wirft, stellt man bald fest, dass die kulturellen Blütezeiten auf die Perioden beschränkt sind, in denen in diesem großen Land mehrere Kulturen mit verschiedenen Religionen, Sprachen und Schriften nebeneinander in Frieden gelebt haben. Die furchtbarsten Perioden iranischer Geschichte in kultureller und zivilisatorischer Hinsicht ereigneten sich stets dann, wenn Regierungen Totalitarismus, Rassismus und religiöse Selbstherrlichkeit ausgeübt haben. In solch einer Situation befindet sich Persien gerade wieder einmal.

Zur jüngeren Geschichte Persiens

1925 beseitigte Resa Khan durch einen Staatsstreich die Kadjaren-Dynastie, die seit Ende des 18. Jahrhunderts regiert hatte, und ließ sich als Resa Pahlewi vom Parlament zum Schah wählen. Nossrat Peseschkian, 1933 geboren, und seine Frau Manije Peseschkian, 1940 geboren, erlebten in ihrer Kindheit und Jugend eine persische Gesellschaft im Aufbruch: »Es war die Zeit einer außergewöhnlichen gesellschaftlichen, sozialen und kulturellen Expansion im Iran.« Das Land heißt seit 1935 »Iran«. In den 30er Jahren wurden wichtige soziale Projekte in Angriff genommen: Bau von Krankenhäusern, Einrichtung von Ambulatorien in entlegenen Landgebieten, Unterweisung der Landbevölkerung in hygienischen, wirtschaftlichen und technischen Fragen, Einrichtung von Krankenpflegerinnenschulen, Durchführung von Schutzimpfungen und Durchleuchtungen, Errichtung von Waisenhäusern, technischer und Berufsschulunterricht der Jugendlichen.

Seit den 20er Jahren wurde das Schul- und Unterrichtswesen im Iran systematisch gefördert und die Schulpflicht ab dem 7. Lebensjahr eingeführt, der Besuch der Regierungsschulen war kostenlos. 1935 wurde die Universität von Teheran gegründet und das Bildungswesen insgesamt weiter erneuert.

In den 50er und 60er Jahren gingen jährlich weit über 10 000 iranische Studenten ins Ausland, um dort ihr Studium abzuschließen. Einer davon war Nossrat Peseschkian, der 1954 nach Deutschland ging, um in Europa Medizin zu studieren.

Religionen

Persien war stets Nährboden zahlreicher Weltreligionen und mystischer Glaubensrichtungen. Es gibt eine lange Tradition der Koexistenz der unterschiedlichsten Religionsgemeinschaften. Anfang des 16. Jahrhunderts wurde unter der Dynastie der Safawiden die Schia als Staatsreligion eingeführt. Die Schia ist eine Minderheit innerhalb des Gesamtislams (die Mehrheit der Gläubigen, 85 Prozent, gehören der Sunna an). Das Hauptverbreitungsgebiet der Schia befindet sich in Persien. Heute sind circa 98,8 Prozent der Bevölkerung Persiens Muslime, davon gehören circa 91 Prozent dem schiitischen Islam an, und circa 7,8 Prozent sind Sunniten. Trotz dieser Überzahl und der Verankerung des islamischen Glaubens in der Verfassung des Staates leben bis heute auch Zoroaster, Juden, Christen, Baha'i und Angehörige weiterer Religionen im Iran. Dabei sind 0,7 Prozent der Bevölkerung Christen, wozu auch armenische Katholiken und Gregorianer zählen, 0,3 Prozent sind Juden, 0,1 Prozent sind Zoroaster und 0,1 Prozent sind Anhänger anderer Religionen.

Baha'i – die Religion der Einheit

Die Baha'i bezeichnen ihren Glauben als »Religion der Einheit«. Gott ist das höchste Wesen, Schöpfer und Herrscher des Universums. Wie im Islam, glauben auch die Baha'i an die absolute Einheit Gottes (Monotheismus). Dieser kann nicht in seinem Wesen, sondern nur durch seine Eigenschaften und die Offenbarung erkannt werden. So wie Gott nur einer ist, so verkörpert auch seine Schöpfung, die Menschheit, eine Einheit. Und da Gott nur einer ist, gibt es auch nur eine göttliche Willensäußerung und damit auch nur eine Wahrheit. Die Verschiedenheit der Religionen steht dieser einen Universalwahrheit nicht entgegen. Alle Religionen lehren im Grunde die eine wahre Botschaft Gottes. Unterschiedlich sind sie sich lediglich in ihren zeitbedingten (geschichtlichen) Formen und Äußerungen, die allesamt Ausdruck eines kulturell bedingten Entwicklungsprozesses sind. Alle Religionen kommen von Gott und sind demnach ein Ausdruck der göttlichen Universalwahrheit – doch immer nur im Rahmen ihrer geschichtlichen Bedingtheit. Jede Offenbarung entspricht dem intellektuellen Fassungsvermögen und den Erfordernissen der Menschen in einem in sich abgegrenzten kulturell-historischen Kontext.

Der Baha'ismus (auch Baha'i-Religion genannt) gehört zusammen mit dem Judentum, dem Christentum und dem Islam zum Typus der prophetischen Offenbarungsreligionen. Die Baha'i-Religion ist die jüngste in der jahrtausendealten Geschichte der Hochreligionen. Sie entstand in der Mitte des 19. Jahrhunderts und wird heute als eigenständige Religion anerkannt. Die Lehren der Baha'i haben ihren Ursprung mit in der schiitischen Erwartung des endzeitlichen Imam Mahdi (Messias), den die Baha'i in ihrer Offenbarung verwirklicht sehen.

Die baha'istische Zeitrechnung beginnt mit dem Jahr 1844, als Bab (»Das Tor«), der Vorläufer Baha Ullas, in Persien seine Lehre verkündete. Baha Ulla (»Herrlichkeit Gottes«) lebte von 1817 bis 1892. Ende der 60er Jahre gab auch er sich als Verkünder einer neuen Gottesoffenbarung zu erkennen. Er wirkte zeitlebens vor allem durch das geschriebene Wort. Weil er eine vom Islam unabhängige Religion verkündete, wurde er ins Gefängnis geworfen und verbannt: Zuerst nach Bagdad, dann nach Konstantinopel, nach Adrianopel und schließlich in die Gefängnisstadt Akka in der Bucht von Haifa (Palästina/Israel), wo er 1892 starb und wo sich auch seine Grabstätte befindet. Grausame Verfolgungen durch die politische und geistliche Führung Persiens hatten zur Folge, dass in der Frühzeit des Glaubens 20000 Baha'i-Anhänger ihr Leben lassen mussten. Weitere Verfolgungen flammten in der Folgezeit immer wieder auf, zuletzt massiv in der Islamischen Republik Iran. Akka ist seither die heilige Stadt und Gebetsrichtung der Baha'i. Seit 1963 steht das »universale Haus der Gerechtigkeit« an der Spitze der Baha'i-Weltgemeinde und hat seinen Sitz ebenfalls in Haifa.

Nach Baha Ulla hat die Menschheit das Stadium der Reife erreicht. Das beinhaltet allerdings nicht nur mehr Freiheiten, sondern auch Verantwortung eines jeden für die Gemeinschaft und die ganze Menschheit. In der Baha'i-Religion gibt es keine Geistlichen; jeder ist selbst aufgefordert, nach der Wahrheit zu suchen. Die Baha'i verfügen über eine Fülle eigener »Offenbarungen« und seit 1875 über ein eigenes religiöses Gesetzbuch. Es enthält die religiösen Gesetze der Gemeinschaft und gilt als die »Magna Charta« einer neuen Weltzivilisation.

Jede Arbeit, die im Geiste des Dienstes an der Menschheit verrichtet wird, ist in der Baha'i-Religion Gottesdienst. Religion soll sich in erster Linie in Taten, nicht nur in Worten äußern. Mittelpunkt des Gemeinschaftslebens der Baha'i ist das 19-Tage-Fest. Es findet am Anfang eines jeden Baha'i-Monats (von 19 Tagen Dauer) statt und besteht aus: Andacht, Beratung der Gemeinde und geselligem Beisammensein. Der geistigen Entwicklung des Einzelnen dienen Gebote wie das tägliche Gebet oder das Fasten. Die Gleichwertigkeit von Mann und Frau, eine möglichst gute Erziehung für die Kinder, das ständige Bemühen, sich weiterzuentwickeln sowie praktizierte Gastfreundschaft sind weitere Punkte, die das Leben als Baha'i kennzeichnen.

Baha Ullas Sohn, Abdu'l-Bahá (»Diener Gottes«) lebte von 1844 bis 1921. Durch seine Reisen in den Jahren 1911 bis 1913 machte er die Baha'i-Religion auch im Westen bekannt. Unter anderem reiste er auch nach Deutschland. Die Verbreitung des Baha'ismus – er hat gegenwärtig weltweit etwa sechs Millionen Anhänger – erstreckt sich auf alle Kontinente. Der *Encyclopaedia Britannica* zufolge ist die Baha'i-Religion nach dem Christentum in ihrer geographischen Ausbreitung die am weitesten verbreitete Religion in der Welt.

Großfamilie oder Sozialversicherung

Im Iran ist die Beziehung zur Zukunft fast unkompliziert zu nennen. Während in Deutschland die unmittelbare Zukunft meist vorausgeplant wird, das Geld nach bestimmten Prioritäten eingeteilt und Sparsamkeit großgeschrieben wird, gibt man im Iran gerne das Geld für Kinder und für Gäste aus. Fast zwei Drittel des Verdienstes des Familienoberhauptes einer Mittelschichtfamilie werden für die Erziehung der Kinder sowie für Gäste und Geselligkeit verwendet. Rücklagen sind kaum möglich, sodass die Eltern nicht selten im Alter mittellos sind und auf das Kapital zurückgreifen müssen, das sie in ihre Kinder investiert haben. Auch die Geselligkeit dient quasi als Rücklagenbildung. Durch vorbehaltlose Investition für Geselligkeiten hat man sich andere Menschen verpflichtet, die für einen selbst dann einstehen, wenn es einem einmal nicht so gut geht. Die wechselseitige Hilfsbereitschaft an die hier appelliert wird, funktioniert in erstaunlichem Maße. So wird einem Geschäftsmann über den Konkurs hinweggeholfen, einem Familienvater über finanzielle Engpässe. Stirbt der Ernährer einer Familie, tritt zumeist die Großfamilie oder Sippe ein und übernimmt die Pflichten des Sorgerechtes. Auch bei psychischen Schwierigkeiten, bei Depressionen, Konflikten und der Hilflosigkeit älterer Menschen fühlt sich die Bezugsgruppe, die andererseits so viel Ansprüche stellt, verantwortlich. Der Leidende wird in den sozialen Körper der Großfamilie eingebunden und versorgt. Diese Solidarität erfolgt auch nach Scheidungen, nach dem Tod von Angehörigen, in der Zeit von Trennung der Ehepartner, aber auch bei Liebeskummer. Verantwortung wird kollektiv getragen. Das Familienkollektiv besitzt eine Rolle, welche der Sozialversicherung in Deutschland vergleichbar ist. Dieses Engagement – über die finanzielle Seite hinaus – schafft eine gewisse emotionale Geborgenheit. Sie wird aber nicht selten von den Betroffenen, aber mehr noch von Menschen aus anderen Kulturkreisen als Einmischung empfunden. Es zeigt sich erneut, dass keines dieser kulturellen Systeme für sich allein gut ist. Ihre Qualität erweist sich erst darin, wie sie sich für die Menschen auswirken, die in ihnen leben, und inwieweit ihre Spielregeln eine konstruktive Auseinandersetzung mit anderen soziokulturellen Systemen und ihren Angehörigen zulassen. So bleibt noch manches übrig, was die Angehörigen der verschiedenen kulturellen Systeme voneinander lernen könnten – und wenn es nur das wäre, dass sie einander verstehen lernten.

(aus: *Positive Familientherapie*)

Die Ursprungsfamilie

> »Wer sich an seine eigene Kindheit
> nicht mehr deutlich erinnert,
> ist ein schlechter Erzieher.«
>
> Marie von Ebner-Eschenbach (*Aphorismen*)

In Persien lebten Nossrat Peseschkians Eltern und dort verbrachte er seine Jugend. Über seine Familie sagt er: »Die Familie, in der ich aufwuchs, umfasste nicht nur meine Eltern und Geschwister, sondern eine Vielzahl von Verwandten und weiteren Familienangehörigen, mit denen wir uns in einer Familie verbunden fühlten. Ich erlebte hier das Gefühl der Gruppenzugehörigkeit, der gegenseitigen Fürsorge und der Sicherheit, aber auch das Gefühl der Abhängigkeit und Einengung. Die Familie zeigte sich mir als eine der wichtigsten Schaltstellen dafür, welche Fähigkeiten und Möglichkeiten eines Menschen entwickelt und welche unterdrückt werden. Die Familie nimmt in diesem Sinne Einfluss auf die Partnerwahl, die Berufswahl, die Beziehung zu anderen Menschen und das Verhältnis zur Zukunft.« Diese Erlebnisse und Erkenntnisse flossen später in das Buch »Positive Familientherapie« ein.

Aus den Briefen und Erzählungen des Vaters

> »Du kannst für den nächsten Tag zwar Pläne machen –
> aber das Los des nächsten Tages kennst du noch nicht.«
>
> *Orientalische Weisheit*

Josef Peseschkian, Nossrat Peseschkians Vater, wurde 1910 in Hamadan geboren. Er starb 1990 in Teheran.

Großvater Soleiman

> Man kann weise sein aus Güte – und gut sein aus Weisheit.
>
> Marie von Ebner-Eschenbach

> Weise sein heißt vor allem, sich klar sehen.
>
> Hugo Sonnenschein

> Weisheit ist, wenn man sich nichts mehr weismacht.
>
> Gerhard Uhlenbruck

Josef Peseschkian berichtet über seinen Vater, Nossrats Großvater Soleiman, dass jener drei Brüder hatte: »Einer von ihnen ist in seiner Jugendzeit ausgewandert, den habe ich nicht kennen gelernt. Der Rest der Familie lebte in Hamadan (West-Persien). Großvater Soleiman war ein tüchtiger Geschäftsmann, der zusammen mit Kollegen von Hamadan aus nach Malayer expandierte: »So hat jeder von ihnen sechs Monate im Jahr zu Hause gelebt und war sechs Monate geschäftlich unterwegs.«

In Malayer kam Großvater Soleiman mit Anhängern der Baha'i-Religion in Berührung. Ohne seiner Familie in Hamadan etwas davon zu erzählen, beschäftigte er sich zwei Jahre lang mit der neuen Religion, um sich ihr dann anzuschließen.

Kindheit und Jugend des Vaters

> Alte Gewohnheiten sollte man nicht auf einmal zum Fenster hinauswerfen, sondern wie einen netten Gast zur Haustür begleiten.
>
> Nossrat Peseschkian

Großvater Soleiman mit Familie

Beim Ratgeben versuche deinem Freund zu helfen,
nicht ihm zu gefallen.

Solon

Ein einziges trockenes Zündhölzchen ist mehr wert als eine ganze
Predigt über das Feuer.

W. J. Oehler

Wenn man einen Menschen nicht verlieren will, muß man seine
verwundbare Stelle respektieren.

Elise Pinter

»Ich besuchte in Hamadan die Allianz-Schule, eine Schule, die von französischen Missionaren aufgebaut worden war. Leider waren zu dieser Zeit in Hamadan Lebensmittel knapp und es herrschte Hunger, sodass die Familie nach Malayer umsiedeln musste. Es war in der Zeit des Ersten Weltkrieges.

In der Zeit unseres Aufenthaltes in Malayer gab es aufgrund der Missstände keine Schule. Notgedrungen sind wir Kinder zu Maktab Khaneh (eine alttraditionelle Schule) gegangen. Unser Lehrer war ein Geistlicher, der gehbehindert war. Das Klassenzimmer war ein Laden, und der Lehrer hatte eine sehr lange Stange, die bis in jede Ecke reichte. Er rief von jeder Ecke ein Kind auf, um sich seine Frage beantworten oder die Hausaufgaben zeigen zu lassen. Waren sie in Ordnung, war es für alle eine Erlösung, ansonsten wurden die Kinder bestraft. Es gab Schläge auf die Füße mit Stöcken aus Granatapfel-Holz, mindestens 20 Hiebe. Trotzdem lernte ich dort einige Grundlagen. Wir hatten das Glück, dass zu dieser Zeit auch

Eine traditionelle Schule Anfang des 20. Jahrhunderts

Nossrat Peseschkian in einer Baha'i-Schule 1940 in Kaschan

Baha'i-Kinder-Klassen (Moralerziehung) eröffnet wurden und wir daran teilnehmen konnten.«

Von Malayer zog die Familie nach Arak. Josef Peseschkian war 15 Jahre alt. Es begannen seine Lehr- und Wanderjahre. Seine Schwester lebte in Brudjerd. Er zog zu ihr und ihrem Mann und begann mit seiner beruflichen Ausbildung: »Ich habe eine Lehrstelle in einer Arztpraxis bekommen (damals reichte die Lehre und praktische Erfahrung, um als Hakim, einem traditionellen Arzt und Heilpraktiker, tätig zu werden). In der Arztpraxis und in einer Apotheke, wo ich abends tätig war, habe ich die Lehre beendet und Erfahrungen gesammelt.«

Karawanserei in Kaschan

Spiel des Schicksals

Inzwischen war die Familie deutlich gewachsen: »Wir waren zehn Geschwister, zwei davon verheiratet. Die Eltern entschlossen sich, in die Hauptstadt Teheran umzusiedeln. Damals waren die Busse die beste Transportmöglichkeit. Wir sind also mit dem Bus nach Ghom (Heilige Stadt des Islam) gefahren. Dort mussten wir umsteigen. Unterwegs, als die Pause angesagt wurde, fragte ich: ›Wie lange dauert es noch bis nach Teheran?‹ Die anderen Fahrgäste antworteten: ›Der Bus ist auf dem Weg nach Kaschan, ihr seid im falschen Bus …‹ Spät in der Nacht kamen wir in Kaschan an. Es gab kein Hotel und kein Gasthaus, und wir kannten auch niemanden. In der Nähe war eine Karawanserei, wo die Reiter und Karawanen übernachteten. Dort haben wir ein Zimmer ohne Einrichtung bekommen. Zum Glück hatten wir jedoch alles dabei, auch unser Bettzeug. Am nächsten Morgen, nach dem

Frühstück, haben mein Vater und ich uns die Gegend angeschaut. Da trafen wir Herrn S., einen Baha'i aus Kaschan, den wir schon in Arak kennen gelernt hatten. Er wunderte sich und fragte uns nach unserem Vorhaben. Als er erfuhr, dass wir nach Teheran fahren wollten, warnte er uns vor der Hitze und schlug vor, zwei Monate in Kaschan zu bleiben. Mein Vater nahm Rücksicht auf die Familie und akzeptierte den Vorschlag. Schon am nächsten Tag hatten wir ein Haus gemietet, und ich bekam bald eine Stelle in der Apotheke. Einige Tage später traf ich einen Nachbarn aus Arak, der jetzt in Kaschan lebte. Wir gingen oft zusammen spazieren. Einmal blieb er an einer Haustür stehen und sagte zu mir: ›Ich muss in dem Haus etwas erledigen, bitte warte auf mich.‹ Minuten später bat man mich ins Haus. Dort traf ich auf einige Frauen, jung und alt. Wir erzählten viel und tauschten uns aus. Eine von den jungen Frauen war meine zukünftige Frau.«

Es war eine große Familie, aus der die junge Frau stammte: »Das Schicksal hat uns nach Kaschan gebracht, wo ich meine Frau Talat gefunden habe. Wir haben in Kaschan geheiratet und sind nach neun Jahren doch noch nach Teheran umgesiedelt.«

Kindheit in Kaschan

> »Man sollte die Städte auf dem Lande bauen,
> da ist die Luft besser.«

Henri Monnier

Kaschan liegt 950 Meter über dem Meeresspiegel am Rande der Salzwüste. Aus den westlich von Kaschan gelegenen Bergen wird Wasser für die Bevölkerung und die Landwirtschaft herangeführt. Obstanbau, Teppichknüpferei, Textilfabriken sind die wichtigsten Wirtschaftsquellen für die Bewohner der Stadt. Als Ort soll Kaschan schon zu Beginn christlicher Zeitrechnung bestanden haben. Die Überlieferung berichtet, dass die Heiligen Drei Könige von hier aus nach Bethlehem gezogen seien. Kaschans Glanzzeit geht auf die safavidische Epoche zurück. Damals erlebte es einen beachtlichen wirtschaftlichen Aufschwung. Seine Seidengewebe und Fayencen, seine Töpferwaren und nicht zuletzt die Teppiche waren in ganz Persien geschätzt.

Die Stadt wirkt vor allem durch den Kontrast zwischen der trostlosen Unendlichkeit der Wüste und dem Grün der kultivierten Oasen. Hier herrscht ein reges Leben und Treiben, und es ist angenehm, sich im Schatten der Häuser mit ihren Kuppeln oder gewölbten Dächern und in der kühlen Luft der Gärten mit ihren Springbrunnen zu erholen.

Von den Karawansereien am Rande der Stadt sind nur noch Ruinen geblieben. In der Nähe von Kaschan kommt man an den Ausgrabungsstätten von Tepe Sialk vorbei. Dort wurden Funde aus prähistorischer Zeit gemacht, die bis in das 4. Jahrtausend vor unserer Zeitrechnung zurückreichen.

Moschee in Kaschan

> »Die Herkunft eines Menschen
> hat nicht viel zu sagen.
> Der Stammbaum eines
> edlen Menschen
> ist stets das, was er erreicht hat.«
>
> *Orientalische Weisheit*

Die Eltern Josef und Talat Peseschkian hatten 1932 in Kaschan geheiratet. Nossrat Peseschkian wurde am 18. Juni 1933 als erstes Kind geboren. Der Name ist Schicksal: Auf Deutsch heißt Nossrat »Triumph« und Peseschkian »Arzt« – ein Name, der verpflichtet!

Während der ersten fünf Lebensjahre genoss Nossrat als Erstgeborener ungeteilt die Liebe der Eltern und der Großfamilie mütterlicherseits. 1938 wurde sein Bruder Huschang und 1941 seine Schwester Rezwan geboren. Mit den beiden Geschwistern verband ihn stets eine innige Beziehung, die bis heute andauert.

Einige Zeit lebten die Peseschkians in der Stadt Natanz in der Nähe von Kaschan. Hier verbrachte Nossrat die Zeit mit der Familie seines Vaters, hier wurde er eingeschult. Wo immer sich Mitglieder der Großfamilie Nossrat Peseschkians trafen, wurde viel von Kaschan erzählt. Und wenn davon gesprochen wurde, war unmittelbar spürbar, wie sehr die Familie mit ihrem Herzen diesem Heimatort noch verbunden war, obwohl das Schicksal sie dazu bestimmt hatte, ihr späteres Leben in anderen Städten Persiens und teilweise in anderen Ländern zu verbringen.

In Kaschan machte Nossrat auch seine ersten Bekanntschaften mit europäischen und amerikanischen Baha'i, die aus Liebe und Interesse für ihre Mitmenschen und ihre Mitgläubigen in den dreißiger Jahren die Mühe auf sich nahmen, sie im Iran zu besuchen.

Gemeinde der Baha'i in Kaschan; in der 4. Reihe, am rechten Bildrand, die Mutter von Nossrat Peseschkian; in der oberen Reihe, als vierter von rechts, sein Vater.

Die Qualität der Luft

»In Persien fällt nicht viel Regen; er ist dort vor allen Dingen im Sommer, im Herzen des Königreichs, sehr selten, und dann sieht man nicht einmal eine Wolke am Himmel; es herrscht eine wunderbare Klarheit. Legt man am Abend ein Blatt Papier an die Luft, wird man es am nächsten Morgen genau so trocken finden, wie man es hingelegt hat. Die Blätter der Bäume und auch das Gras am Boden zeigen nicht die geringste Feuchtigkeit. Die Luft Persiens ist von einer Schönheit, die ich niemals vergessen und über die ich niemals schweigen kann. Man sollte meinen, dass der Himmel höher ist und von anderer Farbe als in unseren stickigen Klimazonen Europas. Und in diesen Ländern wirkt sich die Güte der Luft auf die ganze Natur aus, auf ihre Erzeugnisse und auf die Kunstwerke, ein Strahlen, eine Kraft und eine unvergleichliche Dauerhaftigkeit, nicht zu reden von der kristallklaren Ruhe, die diese Luft auch auf das körperliche Empfinden und auf die geistige Leistungsfähigkeit überträgt. Es ist ein sehr gesundes Land, sodass man sich dort mit Ausnahme der Küstenstriche überall einer so guten Gesundheit erfreut wie sonst kaum auf der Welt.«

Jean Chardin (*Voyages en Perser*)

Der Königsgarten

»Der Mensch bringt sogar Wüsten zum Blühen.
Die einzige Wüste, die
ihm noch Widerstand leistet,
befindet sich in seinem Kopf.«

Ephraim Kishon

Kaschan wird mit Wasser aus einem Netz der Quanaten versorgt, die von allen Seiten auf die Oase zulaufen. Die Stadt verfügt aber auch noch über eine nahe gelegene, kräftige Quelle, die sechs Kilometer südlich im Vorort Fin die Anlage eines Gartens ermöglichte, ein Herzensanliegen des großen Schahs Abbas. Dieser »Baghe Schah« (Garten des Königs) hat inzwischen ein wenig von seiner Poesie eingebüßt, obwohl sich die Gärtner bemühen, die Blumenbeete, die von hundertjährigen Zypressen überragt werden, in ihrer traditionell üppigen Fülle erblühen zu lassen.

Auch sind Arbeiter ständig damit beschäftigt, das Gartenhaus wieder herzustellen, in dem der Herrscher die raffiniertesten Lebensfreuden arrangierte, die von den Dichtern

Der Königsgarten in Kaschan

besungen und von Miniaturmalern bildlich dargestellt wurden.

Nossrat genoss die Ausflüge mit seiner Großfamilie nach Ghamsar und Fin, die meistens während der Sommerferien für längere Zeit unternommen wurden.

Auch ein Stück sozialen Lebens enthüllte sich ihm im Zusammenhang mit den Aufenthalten in Fin: Toleranz gegenüber Menschen verschiedener Religionen zu üben. In dem Garten trafen sich Mohammedaner, Juden, Christen und Baha'i. Abends versammelten sie sich zu geistreichen Diskussionen und Gesprächen. Die Strecke nach Fin – sie war in keinem guten Zustand – führte entlang der Salzwüste, teilweise recht bergig, doch immer malerisch und reizvoll. Die Ausflüge wurden mit dem Motorrad, auf dem Pferd oder mit dem Tragesel unternommen. Unterwegs gab es Chai Khanes (kleine Teehäuser) – oft idyllisch gelegen. Übernachtet wurde meist im Freien. Die Kinder und Jugendlichen erkundeten neugierig die Umgebung; oft kletterten sie auf Bäume und pflückten das Obst.

Wie erlernt man in der Wüste das Schwimmen?

Einen kurzen Fußweg vom Königsgarten entfernt liegt »Tschme fin« mit seiner mineralhaltigen Quelle. An dieser Stelle sammelt sich Quellwasser zu einem Naturschwimmbad. Hier, im kühlen, perlenden Nass mitten in der Wüste, hat Nossrat das Schwimmen gelernt. Es waren starke Eindrücke, die er in seiner Kindheit aus dem Umfeld des Königsgartens sammelte.

> »Die Natur betrachtet man als Grund der Entstehung
> von Ursache und Wirkung,
> den Geist als Grund des Erlebens
> von Freud und Leid.«
>
> Bhagawadgita

Nossrat Peseschkian hat sehr genaue Erinnerungen an seine Kindheit; viele davon stehen in Verbindung mit dem Erlebnis von Natur. Er berichtet von imposanten Bergen und grünen Feldern, von singenden Vögeln und glitzernden Flüssen, von kühlendem Wind und herrlichem Regen, von verlockenden Obstbäumen und blühenden Rosengärten und von den Sternen am saphirblauen Himmel. Viele dieser Naturelemente erlebte er in den Sommerferien, als die Frauen und Kinder aus Kaschan hinaus in nahe gelegene, dörfliche Sommerresidenzen fuhren.

Das Dorfleben

> »Der Morgen ist die schönste Zeit auf dem Lande.
> In der Stadt gibt es keinen Morgen.«
>
> Danielle Darrieux

Mit Freunden in der Nähe von Mazgan

Die Wochen der Sommerferien in dem Dorf Mazgan zählen zu Nossrat Peseschkians schönsten und bleibendsten Kindheitserinnerungen. Hier war er in Gemeinschaft mit seinen Cousinen, Cousins und anderen Dorfkindern. Sie kletterten auf Hügel, liefen barfuß, fuhren auf Karren in Felder und Wiesen hinaus und pflückten Maulbeeren, Aprikosen, Pflaumen und Nüsse. Vom Dorf aus eröffnete sich der Blick auf kleinere Berge, die gut zu Fuß zu erreichen waren. In Mazgan lernte Nossrat Peseschkian das Landleben schätzen: die Fülle und den Reichtum des einfachen Lebens. Mazgan war für ihn in den 30er Jahren aber auch der Ort religiöser Alltagserfahrungen. Die meisten Dorfbewohner waren Baha'i, die regelmäßig Versammlungen organisierten und sich nach der Arbeit abends im Gemeindehaus trafen. Die Kinder durften bei den Gesprächen dabei sein; Gebet und Meditation waren lebendig ins Alltagsleben integriert.

Es fällt kein Meister vom Himmel

> Ein Zauberkünstler führte am Hofe des Sultans seine Kunst vor und begeisterte seine Zuschauer. Der Sultan selber war außer sich vor Bewunderung: »Gott, stehe mir bei, welch ein Wunder, welch ein Genie!« Sein Wesir gab zu bedenken: »Hoheit, kein Meister fällt vom Himmel. Die Kunst des Zauberers ist die Folge seines Fleißes und seiner Übungen.« Der Sultan runzelte die Stirn. Der Widerspruch seines Wesirs hatte ihm die Freude an den Zauberkunststücken verdorben. »Du undankbarer Mensch! Wie kannst du behaupten; dass solche Fertigkeiten durch Übungen kommen? Es ist wie ich sage: Entweder man hat das Talent oder man hat es nicht.« Abschätzend blickte er seinen Wesir an und rief: »Du kannst es jedenfalls nicht, ab mit dir in den Kerker. Dort kannst du über meine Worte nachdenken. Damit du nicht so einsam bist und du deinesgleichen um dich hast, bekommst du ein Kalb als Kerkergenossen.« Vom ersten Tag an übte der Wesir, das Kalb hochzuheben und trug es jeden Tag über die Treppe seines Kerkerturms. Die Monate vergingen. Aus dem Kalb wurde ein mächtiger Stier und mit jedem Tag der Übung wuchsen die Kräfte des Wesirs. Eines Tages erinnerte sich der Sultan an seinen Gefangenen. Er ließ ihn zu sich holen. Bei seinem Anblick aber überwältigte ihn das Staunen: »Gott stehe mir bei, welch ein Wunder, welch ein Genie.« Der Wesir, der mit ausgestreckten Armen den Stier trug, antwortete mit den gleichen Worten wie damals: »Hoheit, kein Meister fällt vom Himmel. Dieses Tier hattest du mir in deiner Gnade mitgegeben. Meine Kraft ist die Folge meines Fleißes und meiner Übung.«
>
> (aus: *Der Kaufmann und der Papagei*)

Jugend in Teheran

»Wer ständig glücklich sein möchte,
muss sich oft verändern.«

Konfuzius

Nossrat war acht Jahre alt, als die Familie 1941 in die Hauptstadt Teheran zog. Es war das Jahr der Besetzung des Irans durch britische, amerikanische und sowjetische Truppen. Resa Schah wurde zum Rücktritt gezwungen; sein Nachfolger war sein Sohn Mohammed Resa Pahlewi, der sich 1967 zum Kaiser krönen ließ. In Teheran besuchte Nossrat zunächst weiter die Volksschule und dann ab 1946 das Gymnasium.

Allein durch seine Lage zählt Teheran zu den aufregendsten Städten dieser Welt. Die graue Stadt, hier und dort von großen grünen Flecken unterbrochen, steigt wie ein Meer aus dem fahl gelben, verschwommenen Horizont im Süden empor, um am Fuß einer gewaltigen Felswand anzubranden. Dort erhebt sich ein Berg, der, mit einer bis in den März währenden Schneekappe bedeckt, einen unbezwingbaren Eindruck macht. Weniger martialisch wirkt er im Sommer, wenn er sich, je nach Tageszeit, in ockerfarbenen, roten und purpurvioletten Tönen präsentiert. Auch gefällt er sich in einem ganz neuen, grünen Saum, der das Ergebnis der Bemühungen um Wiederaufforstung ist, wie sie im ganzen Land seit einigen Jahren angelaufen sind.

Teheran ist riesig groß. Im Jahr 2000 lebten ungefähr sechs Millionen Menschen in der Stadt – gegenüber 200 000 im Jahre 1920. Die Metropole vergrößert sich wie ein Korallenriff, jedoch diszipliniert. Neun Zehntel der bebauten Fläche sind im Schachbrettmuster angeordnet, mit Straßen, die völlig geradlinig verlaufen.

Nossrat, der als Kind erwartete, eine buntscheckige, um

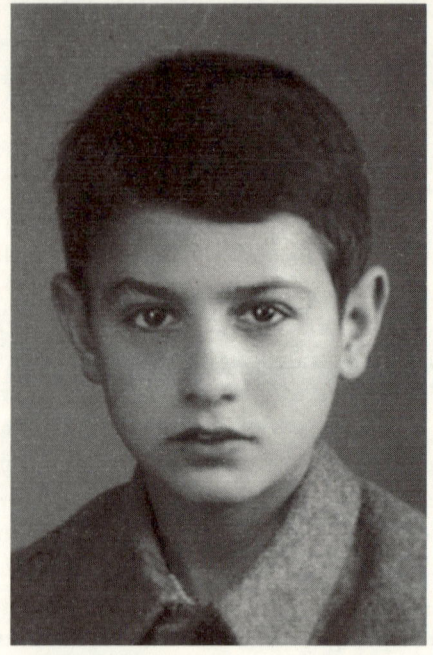

Nossrat Peseschkian als Schüler (1946)

eine Medina oder eine zentrale Karawanserei zusammengewürfelte Stadt anzutreffen, musste dieses Klischee sogleich von der Liste seiner Anschauungen über Teheran streichen.

Innenwelten – Außenwelten

> »Es gibt keine Klassen im Leben für Anfänger,
> es ist immer gleich das Schwierigste,
> was von einem verlangt wird.«
>
> Rainer Maria Rilke

Sein Vater war ein begeisterter Geschichten- und Hymnenerzähler. Nossrat Peseschkian erinnert sich: »Es gibt Ereignisse in meiner Vergangenheit, die mir fern und unwirklich vorkommen, und andere, von denen ich den Eindruck habe, sie hätten sich erst gestern abgespielt. Die Abendszene in unserem Wohnzimmer sehe ich noch genau vor mir. Meine Großfamilie war versammelt und mein Vater las Geschichten aus »Tausendundeiner Nacht«, »Sindbad der Seefahrer«, »Alibaba und die vierzig Räuber« und *Schahnamen-Geschichten* mit lauter und energischer Stimme singend vor. Man soll nicht glauben, dass in einer Zeit ohne Fernsehapparat, Diskothek und Jugendclubs nichts Interessantes geschieht. Wir Kinder waren damals begeistert.«

Nossrat Peseschkian singt auch heute noch manchmal die Sätze, wenn er sie niederschreibt. Sein Interesse am Lesen und Schreiben hat sich früh entwickelt. In seiner Bibliothek stehen zahlreiche persische Bücher, die sein Vater ihm geschickt hatte, aber auch deutsche Dichter, wie Goethe, die er oft zuerst auf Persisch las.

Sein Vater war zugleich ein Mann des praktischen Lebens, der gerne praktische Ratschläge gab. Aus diesem Alltagsleben heraus entwickelte Nossrat seine Erkenntnisfähigkeiten für Naturvorgänge und soziale Zusammenhänge. Er besuchte in Teheran die christliche Missionarsschule »Nur wa Sedaghat« – auf Deutsch »Licht und Wahrhaftigkeit«. In der großen Klassengemeinschaft war es nicht leicht, als ein Baha'i-Kind unter muslimischen Mitschülern in Ruhe gelassen zu werden; auch die Lehrer haben ihn nicht in Schutz genommen. Im Gegenteil: Der Junge sah Zeichen von Fanatismus, Vorurteilen, Unruhe, Ablehnung und Kampfstimmung in ihren Gesichtern. Er musste jedoch diese Ungerechtigkeiten über sich ergehen lassen.

Zu Hause hingegen wurde er stets ermutigt und aufgebaut. Jeden Morgen ging er erneut voller Hoffnung und munter zur

Die Familie in Teheran

Schule. Vor allem die Freude am Lernen war in seinem Herzen unbeschreiblich groß. Er ahnte, dass sich letztendlich alles zum Guten ändern würde. Statt den Weg der aggressiven Konfrontation zu gehen, lernte er, Konflikte phantasievoll zu lösen. Er begegnete den Ungerechtigkeiten der aggressiven Kinder mit sinnreichen und humorvollen Gedichten. Nach einiger Zeit hatte er viele Freunde und war integriert.

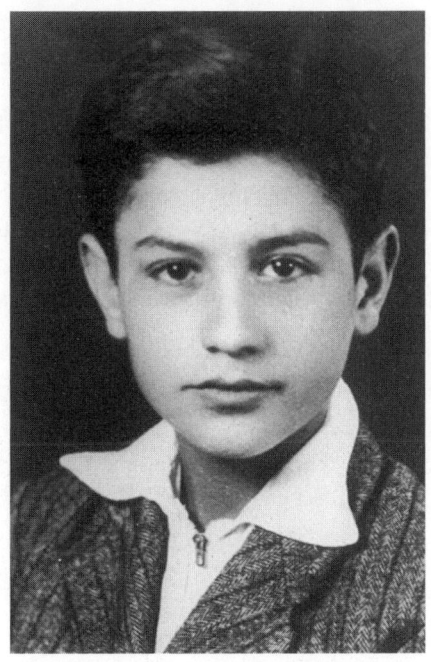

Nossrat Peseschkian als 14-jähriger Gymnasiast

Gymnasium

> »Die Zeit reift alles.
> Kein Mensch wird weise geboren.«
>
> Miguel de Cervantes

Nossrat Peseschkian besuchte das Khagani-Gymnasium in Teheran, benannt nach einem berühmten persischen Dichter. Dort lernte er Menschen unterschiedlichster Art kennen. Er beobachtete die Gewohnheiten seiner Mitschüler, deren Umgang untereinander und deren Charaktere. In diesen praktischen Lebenserfahrungen ist eine Quelle seiner späteren Forschungen zu einer transkulturellen Psychotherapie zu finden.

Gelegenheit zum praktischen Arbeiten gab es genug. In der Gymnasialzeit gab er jüngeren Schülern Nachhilfestunden; setzte sich auch mit deren Problemen auseinander.

In seiner Freizeit lernte Nossrat Geige spielen, er übte sich in poetischen Wettkämpfen und lernte, sich in Versen zu unterhalten. Rad fahren und Ringen waren seine Lieblingssportarten.

Die Liebe zur Literatur

> »Lesen ohne zu denken,
> ist dasselbe,
> wie wenn man Baustoffe anhäuft,
> ohne etwas damit zu bauen.«
>
> Rabindranath Tagore

Eines seiner Lieblingsfächer war die Literatur, der er sich mit allergrößtem Interesse widmete. Seine Aufsätze fanden sowohl bei Lehrern als auch bei Mitschülern großen Anklang. Er hat schon früh viele Geschichten auswendig gelernt und konnte diese zum richtigen Zeitpunkt zitieren. Literatur und Kultur bezeichnet Nossrat Peseschkian als einen Spiegel, in dem man sowohl sich selbst, seine eigene aber auch die Welt der anderen erkennen kann.

Iran, eines der ältesten Kulturländer, verfügt wie kaum ein anderes Land über eine sehr alte mündliche und schriftliche literarische Tradition. Das Spektrum dieser einzigartigen, in ihren dialektalen Prägungen mannigfaltigen und schönen Literatur reicht von den ältesten Gathas, den heiligen Liedern Zarathustras, über eine Reihe großartiger frühneupersischer

Werke wie zum Beispiel das *Schahnamen* Firdausis, den weltbekannten Vierzeilern Kayams, den Epen Nizamis, dem *Massnawi* Mowlanas und dem *Rosengarten* Saadis bis zu den modernsten literarischen Werken, die den mythischen Geist der Iraner zum Ausdruck bringen.

Die Themen, die in der persischen Literatur behandelt wurden, reichen vom Mystizismus und der Religionsphilosophie über Geschichten, Legenden und Loblieder auf Heimat und Herrscher bis hin zu Betrachtungen und Aphorismen, wie sie uns Saadi so zahlreich hinterlassen hat. Die persische Literatur nahm auch auf Entwicklungen in Europa bestimmenden Einfluss. Für Nossrat Peseschkian sind die alten persischen Dichter Teil seines lebendigen Gedächtnisses. Einige seiner Vorbilder in der Literatur sind:

Etessami, Parwin (1906–1941) Tochter des persischen Schriftstellers Jussuf Etessami. Mit Gedichten, in denen sie zu verschiedenen Themen sozialkritisch Stellung nahm, kämpfte sie für die Anerkennung und Gleichberechtigung der Frau. Ihr Ziel war es, den Gerechtigkeitssinn und die Unterscheidungsfähigkeit der Menschen zu erweitern.

Saadi (1211–1300) Sein wichtigstes Buch ist Golestan (Rosengarten), in dessen Gedichten er seine Erfahrung eines vierzigjährigen Wanderlebens niederlegte, dessen Reisestationen Iran, Indien, Arabien und Nordafrika waren. Seine Gedichte und Sprichwörter sind im Iran zum Volksgut geworden und als Lebenshilfe geschätzt. Man nennt ihn auch den Lehrer der Erzieher.

Mowlana (1248–1317), einer der bekanntesten Mystiker und Dichter der persischen Sprache. Sein vollständiger Name lautet Mowlana Djylaladine Rumi, weshalb manche seiner Gedichte auch unter dem Namen Rumi geführt werden. Sein Buch Massnawi enthält 47 000 Gedichte. Es ist dem Sufi Schams gewidmet, von dem die von Nossrat Peseschkian oft zitierte Geschichte »Das Wunder des Rubins« stammt.

Behaedine Ameli (um 1575), bekannt als Scheich Behai; er war Philosoph, Physiker und Dichter. Zusammen mit anderen Büchern ist sein Werk »Maus und Katz«, in dem er mit Hilfe von Fabeln Sozialkritik übt, eine der beliebtesten. Sammlungen von Lebensweisheiten.

Hafis (1320–1389): Nach Saadi gilt er als der berühmteste persische Dichter. Er wohnte zeit seines Lebens in Schirăz. Sein berühmtes Werk ist der Divan Hafis, auf den sich Goethe in *West-östlicher Divan* bezog. In der Zeit, als die Mongolen in Persien eingefallen waren, wurden seine Geschichten zu Trägern persischer Kultur. Hafiz heißt »Bewahrer«, ein Name, den man nur an solche verlieh, die den Koran auswendig kannten.

Die Liebe zur Musik

> »Die Töne entstehen im Herzen des Menschen.
> Die Bewegungen der Gefühle im Innern
> gestalten sich im Lied.«
>
> *Chinesische Weisheit*

Das Singen gehört seit seiner Kindheit zum Leben Nossrat Peseschkians, er entwickelte eine gute Singstimme. Im Teenageralter begann er Geige zu spielen. Bekannte persische Meister der Musik wie Saba waren seine Lehrer. Er eignete sich sowohl die persisch-volkstümliche als auch die persisch-klassische Musik an. Und wenn er für seine hausmusikalischen Vorstellungen Zuhörer suchte, mussten »als Opfer« seine jüngeren Geschwister herhalten; zur Belohnung gab er ihnen dann von seinem Taschengeld ab.

Die persische Musik hat die Musik des ganzen Orients wesentlich beeinflusst. Sie lässt sich mit der europäischen Musik, die auf anderen Tonarten basiert, kaum vergleichen. Die Tonintervalle sind viel kürzer, enger, weisen Halb- und Vierteltöne auf und noch feinere Unterteilungen, die für europäische Ohren ganz ungewöhnlich, oft sogar falsch klingen.

Durch die Überlieferung weiß man, dass auch schon zur Zeit der Achämeniden und insbesondere am Hofe der Sassaniden musiziert wurde. Es gab damals Flöten, Saiten- und Schlaginstrumente, die sich von den heute gebräuchlichen Formen nur wenig unterscheiden. Persische Musik wurde bald am Hofe der Abassiden in Bagdad gespielt und von den Arabern übernommen.

Die klassische persische Musik erweckt das Gefühl der Traurigkeit, der Träumerei, der Melancholie, das, was auch ihren Zauber ausmacht. Sie hat feste Regeln, eigene charakteristische Formen und Grundmotive und erfordert ein besonders instrumentales und gesangliches Können des Interpreten. Die Musik lehnt sich stark an die Mystik an, sie wendet sich mehr an den inneren Menschen, an den Meditierenden. Die volkstümliche Musik des Landvolkes ist von einem anderen Geist beseelt. Sie ist einfacher, heiter, betont rhythmisch, ganz auf Gesang und Tanz abgestimmt. Die persische Volksmusik ist überaus reich, dabei doch so unterschiedlich wie die Landschaft des weiten iranischen Gebietes, so unterschiedlich, wie es die Dialekte, die Gebräuche und Menschen zwischen Hochgebirge und Niederungen sind. Sie klingt für europäische Ohren weniger fremdartig.

Beziehung zur Medizin – Onkel Doktor Soleiman Berjis

>»An einen gütigen Menschen
>wird man sich gern erinnern!«
>
>*Orientalische Weisheit*

In Nossrat Peseschkians Leben spielte eine Person eine große Rolle, die geistig und menschlich einzigartig war: die des Onkels Doktor Soleiman Berjis. Bereits als Schüler in Kaschan hat er in der Arztpraxis seines Onkels Nummern an die Patienten im Wartezimmer verteilt. In dieser Zeit wurde er auf die besondere Rolle des Arztes aufmerksam. Schon als Jugendlicher trat Nossrat mit seinem kleinen ambulanten Injektionsdienst in die Fußstapfen des Onkels.

Der Onkel, unter dessen Vorfahren zahlreiche Ärzte waren, behandelte viele Kranke der Stadt und nahe liegender Dörfer. Auf einem Pferd ritt er zu seinen Patienten. Durch seinen Onkel rückte eine ganz neue Welt in sein Gesichtsfeld: die ärztliche Liebe zu Patienten.

Onkel Soleiman beschäftigte sich gerne mit Nossrat, der sowohl in der Schule als auch bei ihm ein guter und gelehriger Schüler war. Er nahm ihn oft zu sich, ritt mit ihm zu Hausbesuchen und erzählte dem Knaben in einer enthusiastischen Art von der Medizin.

Soleiman Berjis wurde Anfang der 50er Jahre wegen seiner Religionszugehörigkeit als Baha'i von fanatischen Moslems ermordet. Er wurde zu einem angeblich Kranken gerufen. Dort warteten aufgebrachte Männer auf ihn und brachten ihn mit 81 Messerstichen um. Der Bericht über diesen Vorfall gelangte bis zu den Vereinten Nationen.

Privater ambulanter Spritzendienst

Nossrat war 16 Jahre alt, besuchte das Gymnasium und half oft abends in einer Apotheke mit. Von den Naturheilverfahren und den Gesprächen in der Apotheke ausgehend, wuchs sein Interesse für Medizin. Auch fand er Gelegenheit, in die praktische Medizin einzusteigen. In den 50er Jahren war es im Iran erlaubt, dass Apotheker den Patienten Spritzen gaben. Nossrat übernahm nach und nach diese Aufgaben und arbeitete immer eifriger und kenntnisreicher als medizinischer Helfer.

Seine erste Versuchsperson war seine Mutter, aber auch Großtanten und der Rest der Familie hielten dafür her, ihm die praktischen Übungen zu ermöglichen. Als die Lehre zu Ende war, konnte er seinen ambulanten Spritzendienst offiziell eröffnen. Eines Tages bat ihn sein Literaturlehrer, seiner Tochter eine Spritze zu geben. Nossrat wollte nichts falsch machen, ging nochmals zur Apotheke und fand eine Versuchsperson, an der er zunächst üben konnte. Am Nachmittag erledigte er dann erfolgreich seine offizielle Aufgabe und machte damit tiefen Eindruck auf den Lehrer. Durch diese praktische Tätigkeit konnte er zugleich seinen Geigenunterricht finanzieren.

Für Nossrat wurde immer klarer, dass er Medizin studieren würde. Anfang der 50er Jahre kam ihm zu Ohren, dass das Medizinstudium in Deutschland ungefähr fünf Jahre dauert, somit viel kürzer sei als in den USA und in Frankreich. So begann Nossrat Peseschkian bereits in Persien die deutsche Sprache zu lernen. Noch heute erzählt er in seiner humorvollen Art: »Die deutsche Sprache ist eine schwere Sprache, hat drei Artikel: das – die – der Teufel hole.«

Beziehung zu Sport und Körpertraining

>»Mit einem Herren steht es gut,
>der, was er befohlen, selber tut.«
>
>Johann Wolfgang von Goethe (*sprichwörtlich*)

Sportliche und kriegerische Vorbilder gehen bis auf die Urzeiten Persiens zurück. Schon unter König Darius wurden die jungen Männer in Akademien durch Leibesübungen und

Kraft- und Ausdauertrainings in das kriegerische Handwerk eingeweiht. Es gab zahlreiche Ausbildungsstätten für die Krieger, später die Ritter, die »Pahlevan«, deren Taten Firdausi in seinem *Buch der Könige* besang. Nach der Bekehrung des iranischen Volkes zum Islam und seiner Hinwendung zum eigenwilligen Schiitentum wurde der tapfere Ritter zu einer Gestalt des Nationalheldentums: Er beschützte das Land und wachte zugleich über den Glauben. Die Heranbildung starker frommer Männer wurde als nationale Notwendigkeit erlebt. Im ganzen Land wuchs die Zahl derer, die sich körperlich ertüchtigten.

Diese Kraftübungen nahmen mehr und mehr die Form einer feierlichen Handlung an. Diesem Ritus kann der Tourist auch heute noch beiwohnen, meist jedoch ohne den eigentlichen Sinn des Geschehens zu verstehen.

Auch für das Ringen konnte sich Nossrat begeistern. Daneben waren Bergsteigen und Radfahren seine und seiner Freunde liebste Sportarten. Mit hellen Augen berichtet Nossrat Peseschkian davon, wie er und sein Freund mit dem Fahrrad nach Shemiran gefahren sind. Shemiran liegt ungefähr 17 Kilometer nördlich Teherans am Hang des Elbursgebirges. In Shemiran ist dank der günstigen Wasserversorgung die Anlage größerer Gärten und Parks möglich. Hier ist auch ein Knotenpunkt der Autobuslinien, die die Stadt mit einer Vielzahl von Orten in der näheren und weiteren Umgebung verbinden. Die beiden Schüler machten sich die Rückfahrt leicht, indem sie sich mit einer Hand an einer Busstange festhielten; so ließen sie sich bergauf nach Teheran zurückziehen.

Schon der Vater war ein Vorbild. Nossrat erzählt mit Begeisterung, wie er in seiner Kindheit und Jugendzeit jeden Tag seinen Vater bei morgendlicher Gymnastik erlebt hatte – alles im Rhythmus eines Singsangs.

Nossrat Peseschkian ist ein Mann der Tat, die Grundlage hierfür schuf die Körperertüchtigung. Er entwickelte das Intervalltraining, das er seine Kollegen und Patienten lehrt. Auch durch seine Bücher, die in viele Sprachen übersetzt wurden, bringt er mit diesen Intervalltrainings (vor allem durch ein Laufen auf der Stelle) die Menschen in Bewegung: auf den Balkons, in Wohnzimmern, in Büros, in Hotelzimmern, in medizinischen Praxen, in Gartenanlagen usw. Wer täglich zweimal je 15 Minuten trainiert, schafft es am Ende, bis zu tausend Mal auf der Stelle zu springen. Nossrat Peseschkian ist mit siebzig Jahren auch heute noch ein ausdauernder Läufer.

Intervalltraining

Die Übung erfordert wenig Zeit und keine Geräte; sie kann jederzeit und an jedem Ort durchgeführt werden, nach Möglichkeit im Freien oder bei geöffnetem Fenster. Sie dauert ca. 8–10 Minuten. Nach ca. 8 Wochen ersetzt sie einen Spaziergang von ca. 8 Kilometern.
Ruhige Musik einschalten.

Führen Sie die Übungen zum Takt der Musik aus.

1. Übung:
Atemübung: Tief einatmen, dabei Schultern und Arme seitlich hochheben; ausatmen, dabei Schultern und Arme fallen lassen: 20-mal.
Diese Übung können Sie bei Bedarf nach jeder der folgenden Übungen 3- bis 5-mal einfügen.

2. Übung:
1. Lassen Sie die Arme nach vorne kreisen.
2. Lassen Sie danach die Arme nach hinten kreisen – dabei jeweils stehen bleiben: 20-mal

3. Übung:
Nehmen Sie die Boxerstellung ein. Die Knie bleiben durchgedrückt, drehen Sie aus der Hüfte, dabei boxen Sie abwechselnd links und rechts nach hinten.
Schwungvoll bleiben: 20-mal.

4. Übung:
Rumpfbeuge: Bei einer breitbeinigen Standhaltung beugen Sie sich bei durchgedrückten Knien nach vorne und berühren abwechselnd mit der rechten/linken Hand jeweils die Fußspitze. Dabei gebeugt bleiben: 20-mal.

5. Übung:
Wieder Rumpfbeuge: Wie 4. Übung, jedoch nach jeder Berührung einer Fußspitze sich aufrichten und kräftig strecken: 20-mal.

6. Übung:
Kniebeuge: Die Arme gerade nach vorne strecken und dabei zählen: 1. in die Hocke gehen, 2. aufstehen, 3. Arme zur Seite strecken, 4. Arme wieder an den Körper legen: 20-mal.

7. Übung:
Sie sind nun gut vorbereitet. Jetzt beginnt das eigentliche Intervalltraining. Laufen Sie in gestreckter Haltung auf der Stelle, indem Sie Beine und Füße leicht vor- und zurückbewegen. Die Arme bewegen sich dabei abwechselnd nach vorne oben und wieder nach unten, wobei Sie mit der Handfläche den Oberschenkel berühren. Benutzen Sie zu dieser Übung Musik mit schnelleren Rhythmen.

1. Übung:

2. Übung:

3. Übung:

4. Übung:

5. Übung:

6. Übung:

7. Übung:

Erläuterung:
Beginnen Sie 2-mal täglich, morgens und abends, mit 80 Schritten. Steigern Sie die Schrittzahl jeden Tag um 10, bis Sie morgens 500 und abends 250 Laufschritte erreicht haben. Wenn es Ihnen notwendig erscheint, können Sie morgens nach 250 Laufschritten 1 Minute Pause einlegen, dabei nach Ihren Bedürfnissen ein- und ausatmen und dann weiterlaufen.

8. Übung:
Pause: Nach diesem Training erfolgt eine aktive Erholung: Gehen Sie, die Arme leicht hin- und herschlenkernd, 2–3 Minuten herum. Atmen Sie dabei durch die Nase ein und blasen Sie die Luft durch den Mund hörbar aus. Dabei spielt weiter ruhige Musik.

Beziehung zu Weltanschauung und Religion

>»Worauf des Menschen Sinn gerichtet ist,
>das bestimmt sein Wort.«
>
>*Orientalische Weisheit*

Nossrat Peseschkian ist ein religiöser Mensch. Sein Glaube hat ihn immer begleitet und seine Entwicklung als Psychotherapeut maßgeblich bestimmt. Er selbst sagt hierzu:

»Eine wichtige Motivation für den Ansatz der ›Positiven Psychotherapie‹ mag gewesen sein, dass ich mich in einer transkulturellen Situation befinde. Als Perser (Iraner) lebe ich seit 1954 in Europa. In dieser Situation wurde ich darauf aufmerksam, dass viele Verhaltensweisen, Gewohnheiten und Einstellungen in den beiden Kulturkreisen unterschiedlich bewertet werden. Dies ist eine Erfahrung, die ich bereits während meiner Kindheit in Teheran machen konnte. Sie betraf Vorurteile, vor allem religiöser Art, die ich ziemlich genau beobachten konnte. Als Baha'i standen wir immer wieder im Spannungsfeld zwischen unseren islamischen, christlichen und jüdischen Mitschülern und Lehrern. Dies regte mich an, über die Beziehungen der Religionen untereinander und die Beziehung der Menschen zueinander nachzudenken. Ich erlebte die Familien meiner Mitschüler und lernte ihr Verhalten aus den weltanschaulichen und familiären Konzepten verstehen. Später war ich Zeuge ähnlicher Konfrontationen, als ich während meiner Facharztausbildung erlebte, wie gespannt das Verhältnis von Psychiatern, Neurologen und Psychotherapeuten war und mit welcher Vehemenz die psychiatrischen und die psychotherapeutischen Auffassungen aufeinander prallten. Ich habe gelernt, dass die Vorurteile abgelegt werden sollen. Damit konnte ich mich auch im Abendland wohl fühlen. Gleichwertigkeit von Mann und Frau zum Beispiel war und ist eine Selbstverständlichkeit für mich.«

Das Geheimnis des Wandteppichs

Im Iran wurden und werden von großen Künstlern besonders dekorative Wandteppiche aus erlesenem Material als Geschenke oder für das eigene Heim in Handarbeit hergestellt. Die persischen Baha'i-Teppichkünstler hatten im 19. und 20. Jahrhundert die zwölf Prinzipien der Baha'i-Religion sehr kunstvoll in ihren Teppichmustern als Schriftzüge eingearbeitet. Fast in jedem Baha'i-Haushalt im Iran hing solch ein Wandteppich. Dadurch konnten auch die Kinder ohne großen Aufwand die wesentlichen Prinzipien dieser Religion auswendig lernen und verinnerlichen.

»Die Hoffnung treibt die Menschen
jeden Tag zu neuem Schaffen an.«

Orientalische Weisheit

Zwölf Grundsätze der Baha'i-Weltreligion:
- Die gesamte Menschheit muss als eine Einheit betrachtet werden.
- Alle Menschen sollen ständig die Wahrheit erforschen.
- Alle Religionen haben eine gemeinsame Grundlage.
- Die Religion muss die Ursache der Einigkeit und Eintracht unter den Menschen sein.
- Die Religion muss mit Wissenschaft und Vernunft übereinstimmen.
- Mann und Frau haben gleiche Rechte.
- Vorurteile jeglicher Art müssen abgelegt werden.
- Der Weltfrieden muss verwirklicht werden.
- Beide Geschlechter sollen die beste geistige und sittliche Bildung und Erziehung erfahren.
- Die sozialen Fragen müssen gelöst werden.
- Es müssen eine Einheitssprache und eine Einheitsschrift neben der Muttersprache eingeführt werden.
- Es muss ein Weltschiedsgerichtshof eingesetzt werden.

Das multireligiöse Haus

> »In der Idee leben heißt
> das Unmögliche behandeln,
> als wenn es möglich wäre.«
>
> Johann Wolfgang von Goethe (*Maximen und Reflexionen*)

Am 9. Januar 1999 meldete das *Wiesbadener Tageblatt*: »Die in Deutschland vertretenen Weltreligionen wollen enger zusammenarbeiten. Damit sollen Ängste vor der jeweils anderen Glaubensgemeinschaft abgebaut und die Toleranz in der Gesellschaft gestärkt werden. In einem am Freitag in Frankfurt vorgestellten Brief rufen Vertreter der beiden christlichen Kirchen, der jüdischen, islamischen, buddhistischen, orthodoxen Gemeinschaften, sowie des Rates der Baha'i zu einem breiten Dialog in der Bevölkerung auf.«

Peseschkian kommentierte diese Notiz mit den Worten: »Dieser Zeitungsbericht erweckte in mir die Erinnerung an eine Situation, die mehr als 50 Jahre zurückliegt. Manchmal, wenn ich mich an frühere Zeiten erinnere, oder wenn ich alte Bilder meiner Jugendzeit in Teheran anschaue, überkommt mich eine tiefe Dankbarkeit. Es fällt mir nicht schwer, mich mit meiner Umwelt der längst vergangenen Jahre zu identifizieren. Das multireligiöse Haus sehe ich noch heute vor mir. Ein Mehrfamilienhaus, das Sammelbecken nicht nur für islamische, jüdische und christliche Bewohner, sondern auch für Zarathustra-Anhänger und Baha'i war. Ein Haus, in dem sowohl die Alten als auch Kinder und Jugendliche aller Religionen zu Hause waren. Die Bewohner betonten immer ihre Mitverantwortung für das gesellschaftliche Zusammenleben in dem Haus. Wir Kinder genossen die Fest- und Feiertage aller Religionen, was meist mit sehr gutem Essen verbunden war. Wir spielten um die Wette, wer am nächsten Samstag bei der jüdischen Familie das Feuer anzünden darf.«

Die Abende, an denen Musik gespielt wurde und alle Hausbewohner und deren Gäste mit interessanten Gesprächen über verschiedene Weltanschauungen Stunden füllten, in denen Fragen über Religion, Wirtschaft und Geschichte, Literatur und Leben eine angenehme Unterhaltung bildeten, waren Erlebnisse, auf die Nossrat Peseschkian mit Begeisterung zurückblickt. Hier wurden erste Grundsteine für seine Entwicklung hin zur transkulturellen Psychotherapie gelegt.

Menschliche Solidarität

Ein Mann und sein Freund waren zu Fuß unterwegs. Es herrschte eine grimmige Kälte, und sie versuchten, so schnell als möglich voranzukommen. Sie wollten ein Dach über dem Kopf finden und ein Feuer, an dem sie sich wärmen könnten. Der schmale Pfad, auf dem sie gingen, führte sie am Kamm eines Berges entlang, unter ihnen lag eine Talsenke mit einem von grünen Wiesen gesäumten Bergsee. Plötzlich entdeckte einer der Wanderer, dass dort unten in der Senke ein Mensch lag, der bei dieser entsetzlichen Kälte sterben würde, wenn ihm niemand zu Hilfe kam. »Lass uns hingehen«, sprach er zu seinem Freund, »dieser Mensch braucht unsere Hilfe, damit er nicht erfriert.« – »Wie kannst du nur so denken«, antwortete der Freund, »bei der Kälte müssen wir erst einmal an uns denken, damit wir lebend eine Herberge erreichen.« – »Nein«, antwortete der Erste, »so kann ich nicht handeln. Wenn du nicht willst, so gehe alleine weiter. Ich werde in die Senke hinabsteigen und sehen, ob ich diesem Menschen helfen kann.« So trennten sich die Freunde, der eine setzte seinen Weg fort, der andere stieg den Berg hinab. Unten angekommen, fand er einen Mann, der von einem Sturz und der Kälte sehr geschwächt war. Er lud sich den Verletzten auf den Rücken und ging langsam und unter seiner Last keuchend wieder den Berg hinauf. Während er so mühsam hinaufstieg, um wieder auf den alten Weg zu treffen, wurde ihm warm, ja geradezu heiß, der Schweiß floss in Strömen an ihm herab. Der Mann auf seinem Rücken wurde immer schwerer, es war ihm so heiß, dass er die Kälte überhaupt nicht mehr merkte. Langsam aber stetig kämpfte er sich vorwärts.
Hinter einer Wegbiegung entdeckte er seinen Freund. Ah, dachte er, er hat doch auf mich gewartet und rief ihn an. Doch er erhielt keine Antwort. Er ging näher und sah, dass sein Freund tot war, erfroren in dieser schrecklichen Kälte. Voller Dankbarkeit dachte er an den Verletzten auf seinem Rücken. Durch ihn war ihm so warm geworden, hatte er so geschwitzt, dass er der Kälte widerstehen konnte. So erreichten sie eine kleine Hütte, wo sie Unterschlupf fanden.

(aus: *Das Geheimnis des Samenkorns*)

Erinnerungen an die Mutter

»Du glaubst zu schieben
und du wirst geschoben.«

Johann Wolfgang von Goethe (*Faust I*)

Wenn Nossrat Peseschkian über seine Mutter spricht, dann vor allem über ihre Herzensgüte und Zärtlichkeit. Sie war ein sanfter und bescheidener Mensch. Sie brachte ihm bei, Rücksicht auf die Gefühle anderer Menschen zu nehmen und stets eine herzliche, liebevolle Atmosphäre herzustellen. Nossrat Peseschkian erinnert sich: »Jeden Nachmittag nach dem Mittagessen hielten meine Mutter und ich, wie alle anderen Bewohner des Hauses, Mittagsruhe. Bei dieser Gelegenheit erzählte mir meine Mutter Geschichten. Ich liebte jede einzelne Minute dieser Ruhezeit, weil das Gewohnte immer zu etwas Besonderem wurde. Das Leben schien in diesen Augenblicken intensiver und reicher zu sein. Meine Mutter erzählte farbenfroh und spannend, während ich auf ihrem Schoß saß.«

Nossrat war fünf Jahre alt, als sein Bruder zur Welt kam. Die Mutter war eine geduldige Person und ertrug meist gelassen die Lebhaftigkeit ihres Erstgeborenen. Sie nahm sich viel Zeit für ihre Kinder und deren Freunde. Nossrat Peseschkian erzählt: »Wenn mein Vater und ich aus dem Badehaus (damals gab es keine Badeeinrichtungen in Privathäusern) zurückkamen, hatte meine Mutter meist etwas Schmackhaftes gekocht. Sie war eine hervorragende Köchin und immer sehr gastfreundlich.« Nossrat Peseschkian stellt fest, dass er von seiner Mutter mehr Gebote als Verbote vermittelt bekam. In Freiheit und ohne Zwang wurde er für die Gemeinschaft erzogen. Durch diese ermutigende Erziehung im Umgang mit Verwandtschaft, Nachbarn, Freunden und Fremden lernte Nossrat, sich ohne Trennungsängste in neue soziale Beziehungen hineinzubegeben. Auch legte die Mutter bei Nossrat die Grundlagen für eine ausgeprägte Liebesfähigkeit und all seine anderen »primären Fähigkeiten«: Geduld, Kontaktfähigkeit, Vertrauen, Emotionalität, Humor, Zutrauen, Mut, Hoffnung. Seine Mutter war ihm ein ständiges Vorbild nicht nur in Worten, sondern auch durch Taten. Sie verfügte intuitiv über erzieherische Fähigkeiten und war in allem eine tolerante und konsequente Realistin. Nossrat Peseschkian erlebte eine intensive Mutterbindung, aus der heraus er seine Verbundenheit mit seinen Mitmenschen und der Umwelt aufbauen konnte. Gleichzeitig gewährte ihm seine Mutter von früh auf ausreichend Autonomie und ermutigte ihn zu tüchtiger Selbständigkeit, um so einen freien und friedfertigen Menschen zu erziehen.

Es war einmal:
Als Nossrat seine Mutter ins Kino einlud

»Es gibt Ereignisse, die wirst du wohl nie in deinem Leben vergessen.« Nossrat war 16 Jahre alt, fühlte sich erwachsen und hatte das Bedürfnis, seine Mutter zu etwas Besonderem einzuladen. In der Zeit, als es weder Internet, Fernsehen noch Diskotheken gab, konnte man entweder ins Volkstheater oder ins Kino gehen. Nossrat lud ins Kino ein; seine Mutter fand die Idee toll, Nossrat war begeistert, dass seine Mutter so ein schickes Kleid trug und bewunderte sie sehr darin. Die beiden stellten sich vor, gemeinsam einen netten Kino-Abend zu verbringen. Damals waren die Straßen von Teheran noch mit Steinen gepflastert. Das war weder für die Pferde angenehm noch bequem für die Fahrgäste.

Die Fassade des Kinos war übervoll mit Bildern von Schauspielern und Schauspielerinnen und Motiven aus den Filmen: »Tarzan und seine Begleiterin«, »King Kong«, »Charlie Chap-

Der Großvater mütterlicherseits und – links im Bild – die Mutter

lin« und »Laurel und Hardy«. Es waren keine Plakate, sondern von Künstlern direkt auf die Wand oder Holzbretter gemalte Filmszenen. Nossrat kaufte eine Tüte Nüsse, alles war perfekt. Der Kinosaal war voll; die meisten Besucher waren Männer, die laut miteinander sprachen.

Mutter und Sohn warteten gespannt auf den Film, der durch Mund-zu-Mund-Propaganda in der Schule sehr gepriesen worden war. Nach der Staatshymne (man musste aufstehen) und der Wochenschau (es wurde der Yellowstone Nationalpark in den USA gezeigt) begann der Film – ein Film über den Zweiten Weltkrieg und den Angriff auf Pearl Harbor! Beide waren enttäuscht; ihren gemeinsamen Abend hatten sie sich vergnüglicher vorgestellt.

Verlust der Mutter

»Mit einer Kindheit voller Liebe
kann man ein halbes Leben hindurch
für die kalte Welt aushalten.«

Jean Paul

Nossrat Peseschkian verdankt seiner Mutter Talat unendlich viel. Sie schenkte ihm ihre grenzenlose Liebe. Liebesfähigkeit war ihre Stärke. Das Bild seiner Mutter hat sich tief in seine Seele eingeprägt. Sein ganzes Leben hindurch war sie ihm in seiner Erinnerung eine ständige Begleiterin. In der liebevollen Atmosphäre der immer optimistischen Mutter wurde ihm Hoffnung fürs ganze Leben vermittelt. Der plötzliche Tod der Mutter im Frühling 1950 war Anlass intensiv über Leben und Tod und das Leben nach dem Tode nachzudenken.

Die tragisch-traurige Geschichte nahm ihren Anfang am 2. April 1950. Es war Sinsdah Bedar, ein persisches Volksfest im Frühling. Die Familie versammelte sich zum Frühstück, der Vater bereitete im Samowar den Tee zu und zündete das Feuer darunter an. Es war dies immer eine der angenehmsten und friedlichsten Stunden des Tages. Nossrat hatte vor, später zum Picknick zu gehen.

Die Mutter war im neunten Monat schwanger. Als Nossrat sich verabschieden wollte, sagte er zum Spaß: »Ich werde dem Baby gute Sachen kaufen.« Die Mutter sagte mit trauriger Stimme: »Gib dir keine Mühe, ich werde die Geburt nicht überleben.« Später erzählte Nossrat seiner Familie: »Als ich mit meinen Freunden beim Picknick war, passierte mir etwas Merkwürdiges. Zum ersten Mal im Leben hatte ich so etwas wie ein übersinnliches Erlebnis. Ich war gerade in ein Gespräch vertieft, als mir plötzlich ein Satz durch den Kopf schoss: ›Ich muss nach Hause!‹ Ich hatte das Gefühl, dass mir

Nossrat Peseschkians Mutter

ein Messer ins Herz sticht. Mein ganzes Leben, eine Flut von Erinnerungen, die schwangere Mutter, all das rauschte an mir vorüber. Assoziationen verschiedenster Art stürmten auf mich ein. Ich schrie: ›Ich muss nach Hause‹, und lief fort. Es war spät am Nachmittag, als ich zu Hause ankam. Plötzlich stürmten mehrere Nachbarn und Verwandte auf mich zu. Ich wandte mich ihnen mit einem Lächeln zu. Ich wurde an den Armen gepackt und ins Wohnzimmer gebracht. Niemand sprach ein Wort. Ich war entsetzt, sie alle in einem tieftraurigen Zustand zu sehen. Sie fingen an zu weinen. Ich verstand, was geschehen war, meine Mutter war gestorben. Als die Wehen begannen, war meine Mutter ins Krankenhaus gebracht worden. Unterwegs hatte sie viel Blut verloren, und jede Hilfe für sie und das Kind kam zu spät.«

Später heiratete der Vater wieder. Aus dieser Ehe sind drei Söhne hervorgegangen. Bruder Massud lebt in Deutschland; zwei jüngere Brüder leben im Iran. Nossrat Peseschkian stellt fest: »Man sehnt sich ein ganzes Leben nach einer Mutter, die zu früh gestorben ist.«

Literaturstudium in Teheran

»Wer zwei Sprachen kennt,
ist zwei Männer wert.«

(*aus Frankreich*)

Zwei Jahre nach dem Tod der Mutter bestand Nossrat das Abitur; er entschloss sich, in Deutschland Medizin zu studieren. Die Zeit der Vorbereitung auf das Auslandsstudium nutzte er, um in Teheran ein Jahr Literatur zu studieren. Gleichzeitig lernte er Deutsch. An der Universität in Teheran studierte er nicht nur Geschichte und die Entwicklung der persischen Sprache, sondern lernte viel über 2500 Jahre Kulturgeschichte.

Schon im letzten Jahr auf dem Gymnasium hatte Nossrat begonnen, Deutsch zu lernen. Persisch und Deutsch sind indogermanische Sprachen. Das Erlernen der deutschen Sprache war nicht nur nützlich, um Arbeitszusammenhänge erkennen zu können, es eröffnete ihm zugleich den Zugang zu einer weit entwickelten Kultur; hier würde er später zahlreiche Bücher veröffentlichen. Sein erstes Notizbuch in deutscher Sprache bewahrte er über Jahre wie ein Heiligtum auf, bis es bei einem Umzug verloren ging.

Auch seine Vorliebe für Geschichten und Spruchweisheiten konnte er über das Studium der deutschen Sprache vertiefen. Der erste Spruch, den er fand, lautete: »Manche lernen nie, manche lernen noch später.« Er hat die wahre Bedeutung dieses Satzes damals nicht verstanden: »Erst später in der Psychotherapie wurde mir klar, wie bedeutsam dieser Spruch ist.«

Nossrats Studium der Literatur war – neben persischer und deutscher Literatur – das Studium der Weltliteratur. Damals waren gerade Werke von J. J. Rousseau, Dostojewski, Goethe,

Nach dem Abitur

George Bernard Shaw, Victor Hugo, Tolstoi, Hemingway, Thomas Mann, Oscar Wilde, Honoré de Balzac und weiteren westlichen Autoren ins Persische übersetzt worden. Sie erschienen in einer Reihe mit dem Titel »100 Bücher von 100 bekannten Autoren der Welt«. Nossrat erwarb und studierte viele dieser Bücher, die ihm halfen, westliches Erleben, Denken und Phantasieren besser kennen zu lernen. Später, in Deutschland, hat er sich dann vor allem mit Werken von Eugen Roth, Wilhelm Busch, Theodor Fontane, Lichtenberg und Lao-tse befasst.

Es war einmal: Der grüne Schal

»Kein Weg ist so gerade wie der,
der direkt zum Herzen eines Menschen führt.«

Gerhard Merz

Endlich war es soweit. Der Abreisetermin nach Deutschland stand fest, die Familie nahm Abschied von ihm. Die älteren Familienmitglieder versprachen ihm, ihm immer zur Seite zu stehen, egal wo er auch sei. Ein Onkel schenkte ihm einen grünen seidenen Schal, der ihm im kalten Deutschland sicherlich sehr nützlich sein würde. Dieser grüne Schal wird seit 1954 getragen. Erst hat ihn Nossrat Peseschkian getragen, dann seine beiden Söhne Hamid und Nawid. Und heute gehört der Schal Leyla, der ältesten Enkelin Nossrat Peseschkians.

Abendland

»Nur wer einig ist mit der Welt,
kann einig sein mit sich selbst!«

Friedrich Schlegel

Vom Mut, eine Probe zu wagen

Ein König stellte für einen wichtigen Posten den Hofstaat auf die Probe. Kräftige und weise Männer umstanden ihn in großer Menge. »Ihr weisen Männer«, sprach der König, »ich habe ein Problem, und ich möchte sehen, wer von euch in der Lage ist, dieses Problem zu lösen.« Er führte die Anwesenden zu einem riesengroßen Türschloss, so groß, wie es keiner je gesehen hatte. Der König erklärte: »Hier seht ihr das größte und schwerste Schloss, das es in meinem Reich je gab. Wer von euch ist in der Lage, es zu öffnen?« Ein Teil der Höflinge schüttelte nur verneinend den Kopf. Einige, die zu den Weisen zählten, schauten sich das Schloss näher an, gaben aber zu, sie könnten es nicht schaffen. Als die Weisen dies gesagt hatten, war sich auch der Rest des Hofstaates einig, dieses Problem sei zu schwer, als dass sie es lösen könnten. Nur ein Wesir ging an das Schloss heran. Er untersuchte es mit Blicken und Fingern, versuchte, es auf die verschiedensten Weisen zu bewegen und zog schließlich mit einem Ruck daran. Und siehe, das Schloss öffnete sich. Das Schloss war nur angelehnt gewesen, nicht ganz zugeschnappt, und es bedurfte nichts weiter als des Mutes und der Bereitschaft, dies zu begreifen und beherzt zu handeln. Der König sprach: »Du wirst die Stelle am Hof erhalten, denn du verlässt dich nicht nur auf das, was du siehst oder was du hörst, sondern setzt selber deine eigenen Kräfte ein und wagst eine Probe.«

(aus: *Der Kaufmann und der Papagei*)

Studium der Medizin –
neue transkulturelle Erfahrungen

> »Mag das Gute auch noch so fern von mir sein,
> wenn ich ernsthaft danach strebe, ist es da.«
>
> Konfuzius

Als Nossrat Peseschkian im April 1954 in Freiburg im Breisgau ankam, wurde er, der niemals Krieg und dessen Folgen erlebt hatte, von der Zerstörung und dem Leid der Menschen so schockiert, dass er am liebsten mit dem nächsten Flugzeug wieder in den Iran zurückgeflogen wäre. Aber er hatte das Glück, sehr bald Mitglieder der dortigen Baha'i-Gemeinde kennen zu lernen. Bei ihnen fühlte er sich wohl und erfuhr, dass das Prinzip »Einheit in der Vielfalt – die Erde ist nur ein Land und die Menschen sind seine Bürger«, wie er es als Kind in der Baha'i-Kinderstunde gelernt hatte, hier verwirklicht wurde.

Am 24. April schrieb er sich an der Albert-Ludwigs-Universität in Freiburg i. Br. zum Studium der Humanmedizin ein. Im April 1955 wechselte Nossrat Peseschkian an die Johannes-Gutenberg-Universität in Mainz. Hier konnte er neben dem Medizinstudium zugleich seine transkulturellen Erfahrungen vertiefen. Im Studentenwohnheim symbolisierte sein Zimmer die »Vereinten Nationen«: Er wohnte mit drei Kommilitonen aus Spanien, Deutschland und Afrika zusammen. Erste Einsichten in die Variationsbreite der menschlichen Aktualfähigkeiten – siehe den Teil »Lebenswerk« in diesem Buch – stammen aus dieser Zeit.

Nossrat Peseschkian gehörte zu einer der ersten Studentengruppen, die 1955 aus Mainz und Frankfurt am Main nach

Die erste Zeit in Deutschland

Ost-Berlin und in die DDR fuhren. Für den jungen Studenten aus dem Morgenland mit großem Interesse für die Literatur des Abendlandes war diese Reise nicht nur eine neue transkulturelle Begegnung, sondern auch eine willkommene Gelegenheit, literarische und medizinische Bücher günstig zu erwerben.

Wesentliche und für seine spätere berufliche Entwicklung hin zur »Positiven Psychotherapie« entscheidende Erfahrungen sammelte Nossrat Peseschkian mit Iranern, die zur medizinischen Behandlung nach Deutschland gekommen waren. Er ging als Dolmetscher mit ihnen zum Arzt. Bald wunderte er sich, dass sich die Gespräche zwischen Arzt und Patient nur auf die physische Dimension bezogen, wohingegen ihm die Patienten nach Verlassen der Praxis von ihrem eigentlichen Leid erzählten, das sich wesentlich im Emotionalen und auf der Beziehungsebene abspielte. Hier wurde das Samenkorn für die Positive Psychotherapie gelegt. In der Mainzer Zeit wurde Wiesbaden »entdeckt«. In Wiesbaden zu wohnen und in Mainz zu studieren brachte ein neues Lebensgefühl mit sich. Damals hätte er nicht einmal im Traum daran gedacht, dass Wiesbaden dereinst seine neue Heimat und der Ausgangspunkt seiner vielfältigen internationalen Aktivitäten werden würde. Damals fanden lediglich die samstäglichen Treffen iranischer Studenten im Parkcafé in der Wilhelmstraße statt, die zu einem festen Bestandteil seiner Aktivitäten wurden. Während dieser Zusammenkünfte wurde nicht nur getanzt – das Café diente auch als »Infobörse«.

Das erste Auto

1959 wechselte Nossrat Peseschkian noch einmal die Universität; er ging nach Frankfurt am Main, wo er im Mai 1960 sein Studium der Humanmedizin mit dem Staatsexamen abschloss.

Export-Import-Firma

> »Der Reichtum
> ist ständigem Wandel ausgesetzt.
> Gute Taten aber
> haben Dauer und verjähren nicht.«
>
> *Orientalische Weisheit*

Nossrat Peseschkian ist ein geselliger Mensch. Von Beginn seines Studiums an schloss er viele Freundschaften, manche dauern bis heute an.

Ein Bekannter, der mit dem Inhaber einer Firma für Haarpflegeprodukte verwandt war, gab ihm die Anregung, jene Produkte und Medikamente in den Iran zu exportieren. Nossrat Peseschkian gründete eine Export-Import-Firma, lieferte vor allem Medikamente in den Iran und importierte insbesondere wertvolle Teppiche nach Deutschland und wurde ein angesehener Geschäftsmann. Als Kaufmann hatte er zudem die Möglichkeit, Menschen aus den Bereichen Wissenschaft, Kunst, Politik und Literatur kennen zu lernen. 1957 fuhr Nossrat Peseschkian in einer abenteuerlichen Fahrt mit dem Auto über die Türkei nach Persien, um mehrere Praktika in Kliniken zu leisten.

Seine Aktivitäten waren mannigfaltig genug, aber nie ein Hindernis für sein Medizinstudium – im Gegenteil: Mit neuen medizinischen Errungenschaften konnte er seinen Landsleuten im Iran helfen. Anfang der 60er Jahre wurden durch seine Mitwirkung die ersten Kontaktlinsen aus

Deutschland in den Iran exportiert. Sein Vetter, ein Augenarzt, übernahm die Organisation der Geschäfte im Iran.

Nossrat Peseschkians Betätigung als Geschäftsmann bewahrte ihn vor einseitiger Ausrichtung. Er musste in diesem Metier vieles selbst lernen, um es später weitergeben zu können. Er praktizierte *Lernen im Prozess der Arbeit*, eine heute so wichtige Schlüsselqualifikation im Berufsleben. Vor allem aber erweiterte er seine transkulturelle Menschenkenntnis. Er gewann Einblicke in die Abwicklung internationaler Geschäfte, er wirkte in der Führung eines interessanten Import- und Exportgeschäftszweiges mit, und er konnte den Umgang von Geschäftsfreunden untereinander beobachten. Diese Erfahrungen und Erkenntnisse aus dem Alltag bilden unter anderem eine Grundlage der »Positiven Psychotherapie« unter dem transkulturellen Gesichtspunkt.

Nossrat Peseschkian und seine Familie

> »Wir sind so frei, wie wir bereit sind, Verantwortung
> für uns selbst und andere zu übernehmen.«
>
> (aus: *Positive Psychotherapie*)

Verantwortung

Schon in der Studienzeit plante Nossrat Peseschkian, auch seine Geschwister zum Studium nach Deutschland zu holen. Und als er selbst in Deutschland Fuß gefasst hatte, nahm er diese Verantwortung für seine jüngeren Geschwister auch wahr.

Zunächst kam seine Schwester Rezwan, um medizinisch-technische Assistentin zu werden, später kam Bruder Huschang, der Ingenieur wurde. Heute leben drei seiner Geschwister mit ihren Familien in Deutschland: in Wiesbaden Rezwan und ihr Ehemann Dr. med. Dieter Spengler, in Mainz Huschang und seine Frau Hekmat, in Darmstadt Bruder Massud und seine Frau Erika.

Nossrat Peseschkian übernimmt stets Verantwortung für seine Mitmenschen. Davon zeugt sein Privatleben wie sein berufliches Engagement, seine unbedingte Zuverlässigkeit und sein ausgeprägtes Verantwortungsgefühl für das Schicksal und Wohlergehen der ganzen Menschheit.

> »Ein Reich ist einfach zu regieren,
> eine Familie schwer.«
>
> *Chinesische Weisheit*

Die Geschwister

Nach Beendigung seines Medizinstudiums und dem Staatsexamen flog Nossrat Peseschkian 1961 in den Iran, um für einige Zeit am Stadtkrankenhaus in Teheran zu arbeiten und neue praktische Erfahrungen mit Patienten zu sammeln. Gleichzeitig lernte er Manije, eine Studentin der Biologie an der Naturwissenschaftlichen Fakultät der Universität Teheran, kennen. Diese Begegnung gab seinem Leben eine entscheidende Wendung. Am 27. Dezember 1961 heiratete das junge Paar in Teheran.

Bald darauf, im Januar 1962, traf das Ehepaar in Frankfurt am Main ein. Von nun an richtete sich Nossrat Peseschkians zärtliche Zuneigung voll auf die werdende Familie. Am 30. Dezember 1962 wurde der Sohn Hamid und am 27. Februar 1964 der Sohn Nawid geboren.

»Der wahre Lohn
eines guten Werkes
liegt stets in diesem selbst.«

(aus: *Positive Psychotherapie*)

Beruflich bedingte Umzüge innerhalb Deutschlands, eine Reihe von Auslandsaufenthalten, die Organisation und Durchführung von Weiterbildungsseminaren wurden für die Familie bald Teil ihres Alltagslebens. Die Kinder wuchsen in einer Atmosphäre auf, in der ihnen früh bewusst wurde, dass die Probleme der Menschheit uns alle angehen und wir eine globale Verantwortung tragen.

Um Konflikte in der Familie sinnvoll zu bearbeiten, haben Nossrat Peseschkian, seine Frau Manije und seine Söhne 20 Jahre lang mit Hilfe einer Partnergruppe und einer Familiengruppe das gemeinsame Familienleben entwickelt. Nossrat Peseschkian ist mit Stolz erfüllt, wenn er heute zu den alten Unterlagen greift und Protokolle dieser Sitzungen vorzeigt, die mal vom Vater, mal von der Mutter, mal von einem der Söhne angefertigt worden waren. Dass der Vater seine Söhne in sein gesamtes Leben mit einbezog, wirkte sich auf die Kinder berufsprägend aus:

Hamid Peseschkian ist Facharzt für Neurologie, Psychiatrie und Psychotherapie. Er hat von Moskau aus in den 90er Jahren sehr viel zum Aufbau psychotherapeutischer Kompetenzen in Russland und den anderen GUS-Staaten beigetragen. Heute ist er Geschäftsführer und Dozent der Wiesbadener Akademie für Psychotherapie.

Nawid Peseschkian ist Facharzt für Psychiatrie und Psychotherapie und Facharzt für Kinder- und Jugend-Psychiatrie und Psychotherapie. Er ist Dozent der Wiesbadener Akademie für Psychotherapie und in eigener Praxis in Wiesbaden tätig. Für Nossrat Peseschkian sind seine beiden Söhne heute seine besten Berater, deren Urteil er schätzt. Beide setzen die

Die junge Familie

Arbeit ihres Vaters mit derselben Begeisterung fort, wie sie ihnen vom Vater vorgelebt wurde.

1993 feierte Nossrat Peseschkian seinen 60. Geburtstag. Dies war gleichsam der Startschuss für die weitere »Expansion« seiner Familie. Sein jüngerer Sohn Nawid heiratete 1993 Shida, eine US-Amerikanerin persischer Herkunft; 1994 heiratete Hamid seine aus Deutschland stammende Frau Barbara. Es folgten die Enkelkinder: 1995 Leyla, die Tochter von Hamid und Barbara; 1996 Tara, die Tochter von Nawid und Shida; 1997 Farid, der Sohn von Hamid und Barbara; 1998 Samira, die zweite Tochter von Nawid und Shida.

Positive Familientherapie

In der Theorie zu der von ihm entwickelten Positiven Familientherapie stellt Peseschkian fest: »Probleme und nicht erlebte Bereiche werden konkretisiert und verbalisiert. Neue Formen der Problembewältigung werden dabei eingeübt und kontinuierlich in den Familienalltag eingebracht.« Wichtige praktische Instrumente der Familientherapie sind die Familiengruppe und die Elterngruppe. Sozialisation und Erziehung finden in der Familie statt. Erziehungskorrekturen können im Rahmen der Positiven Familientherapie vor allem in der Familiengruppe und der ergänzenden Elterngruppe vorgenommen werden. Neue Formen der Problembewältigung werden eingeübt und kontinuierlich in den Familienalltag eingebracht. Folgende Fragen stellen sich:
– Was ist das Problem?
– Was verbirgt sich hinter dem Problem?
– Welche Ziele und Interessen werden hierbei verfolgt?
– Welche Lösungsmöglichkeiten bieten sich an?

Nossrat Peseschkian im Kreis seiner Familie

Folgende Spielregeln erleichtern die Arbeit in den Gruppen:
- Treffen der Familie zu festen Zeiten
- Einhalten einer Sitzordnung am Tisch
- Keine Störungen durch Telefon, Radio oder Fernsehen
- Auf angenehme Atmosphäre achten (Bewirtung)
- Auflistung der Problempunkte
- Festlegen, welches Problem besprochen werden soll
- Durcharbeiten der einzelnen Punkte
- Sammeln aller verschiedenen Lösungsmöglichkeiten
- Gemeinsamer Beschluss für das Motto der Woche
- Das Motto wird auf eine Memokarte notiert und hat für alle Gruppenmitglieder Gültigkeit
- Festlegung von Aufgaben sowie Rollentausch
- Planung künftiger Unternehmungen wie Ausflüge, Reisen, Feste, Einkäufe.

Parallel und begleitend zur Familiengruppe halten die Eltern gemeinsame Sitzungen ab, 15–30 Minuten täglich, zumindest aber mehrfach die Woche. Dabei sollten sich Vater und Mutter inhaltlich über die Erziehungskonzepte einigen; dies ist wichtig für die Kinder.

Die Ehe als Blume

Häufig suchen ehemüde Ehepartner die psychotherapeutische Praxis auf. In ihren Alltag hat sich Monotonie eingeschlichen, die nahezu alles, auch die Zärtlichkeit, das partnerschaftliche Gespräch und die Sexualität zur Routine werden lässt. Nicht selten reagieren beide Partner auf eine solche Situation mit Verzweiflung, Niedergeschlagenheit und Resignation.

Eine Patientin hatte über die Sprachlosigkeit und Monotonie in ihrer Ehe geklagt und über ihren eigenen Mangel an Resonanz und Kreativität. Ich fragte die Patientin, was sie denn mache, wenn sie eine schöne Topfblume, beispielsweise eine Fuchsie, besitze. Therapeut: »Wie pflegen Sie diese Pflanze?« Die Patientin schüttelte verwundert den Kopf, als könnte sie nicht begreifen, was diese Frage mit ihrer Ehe zu tun hat. »Wenn ich eine solche Blume habe, werde ich sie in regelmäßigen Abständen gießen.« Die Patientin war eine Blumenfreundin und überlegte weiter: »Nach einem halben Jahr oder einem Jahr würde ich den Blumentopf wechseln und der Blume neuen Humus geben. Zwischendurch vielleicht noch einmal düngen. Und dann würde ich sie an ein Fenster stellen, wo sie genügend Sonne bekommt.« Hier unterbrach ich die Patientin und fragte sie: »Und was machen Sie mit Ihrer Ehe?« Diese Frage schockierte die Patientin sichtlich. Ich merkte, wie tief sie die Diskrepanz zwischen der intensiven, liebevollen Blumenpflege und der lieblosen Behandlung ihrer Ehe empfand. Unter diesem Eindruck sagte sie: »Wäre meine Ehe eine Blume, sie wäre längst verdorrt.« Die Patientin begann das Bild von der Blume auf ihre Ehe zu übertragen. »Wenn wir täglich etwas mehr aufeinander eingehen würden, vielleicht einige Komplimente austauschen, oder wenigstens Anerkennung dafür, was der andere leistet, das wäre Wasser für unsere Ehe.« Sie überlegte und sagte eine Zeit lang gar nichts. »Eigentlich habe ich mich selber auch sehr hängen gelassen. Ich muss sagen, ein neues Kleid, eine andere Frisur oder Kosmetik haben mich überhaupt nicht mehr interessiert. Um es klar zu sagen: Ich hatte einfach keine Lust, mich für meinen Mann schön zu machen. Für ihn gilt sicherlich das Gleiche. So etwas wäre der Dünger für meine Ehe.«

(aus: *Der Kaufmann und der Papagei*)

Die Perserin

»Das Herz ist ein Gut,
das man nicht verkaufen
oder kaufen,
sondern nur verschenken kann.«

Gustave Flaubert

Perserinnen unterscheiden sich in ihren Eigenschaften als Tochter, Mutter und Ehefrau nicht wesentlich von der Mehrzahl der Frauen in vielen anderen Ländern. Manije Peseschkian charakterisiert eine Perserin folgendermaßen: »Persische

Frauen sind – auch nach den politischen Umwälzungen von 1979 – modern und konservativ zugleich. Modern sind sie, weil sie in vieler Hinsicht bereit sind, mit der Zeit zu gehen; konservativ sind sie, weil sie sich den alten Traditionen verpflichtet fühlen, von denen sie sich nicht ohne Weiteres lösen wollen.«

Wegen ihrer zeremoniellen Höflichkeit erinnern persische Frauen in ihrem Auftreten eher an eine Inderin oder Japanerin. Von ihrer äußeren Erscheinung her ähneln sie mit dunklen Augen, dunklem Haar und der elfenbeinfarbenen Haut eher einer Italienerin oder Spanierin.

Im Westen kritisiert man die untergeordnete gesellschaftliche Stellung der Perserinnen; der Machtwechsel im Iran 1979 lenkte die besondere Aufmerksamkeit auf Persien. Heute wissen wir, dass nicht jede Perserin eine strenggläubige Muslimin ist und im Iran auch andere religiöse Bevölkerungsgruppen leben.

Der Einfluss von Religion und gesellschaftlicher Modernisierung auf die Frauen

Reformen hinsichtlich der Stellung der Frauen in der Gesellschaft wurden im Iran seit Beginn des 20. Jahrhunderts angestrebt. Die spektakulärste Maßnahme war das im Jahre 1936 von dem damaligen, westlich orientierten Schah dekretierte Verbot für Frauen, weiterhin den Tschádor, den Schleier, zu tragen. Damals dachten die herrschenden Kreise, eine jahrhundertealte Tradition mit einem Federstrich beseitigen zu können. Doch die Mehrheit der Bevölkerung war dagegen, kaum jemand war darauf vorbereitet.

Modern waren die Auffassungen in Baha'i-Kreisen, wo das Prinzip der Gleichberechtigung zwischen Frauen und Männern vertreten wurde. Die Frauen in den Baha'i-Gemeinden begannen, ihre neue Rolle als gleichberechtigte Partnerin des

Mannes auszufüllen. Es entwickelte sich allmählich, noch bevor der Schleier gefallen war, ein ganz neuer Frauentyp: geistreich, selbstbewusst in der Öffentlichkeit sowie im Berufsleben. In fortschrittlichen Familien nutzte man die jetzt auch für Mädchen vorhandenen schulischen Einrichtungen, um die Stellung der Frauen zu verbessern. Viele Frauen studierten später im In- und Ausland. Was bis etwa 1930 undenkbar gewesen war, trat nun ein: Frauen arbeiteten als Schul- und Universitätslehrerinnen, als Ärztinnen, Richterinnen, Anwältinnen, bekleideten höhere Posten in staatlichen Dienststellen und im Bankwesen. Es war ein Anfang. Die Zahl dieser Frauen blieb jedoch verhältnismäßig gering. In den letzten Jahrzehnten ist diese Entwicklung rückläufig.

Manije und ihre Familie

> »Der Anfang des Universums ist die Mutter aller Dinge
> Wer die Mutter versteht, versteht auch ihre Kinder.
> Die Kinder verstehen und doch im Kontakt bleiben mit der Mutter
> so begegnet man bis zum Tode keiner Gefahr.«
>
> Lao-tse

Manije Peseschkian wurde 1940 als zweites Kind von drei Geschwistern in Teheran in der Familie Eghrari geboren. Ihre Großeltern sowohl mütterlicher- als auch väterlicherseits waren Anfang des 20. Jahrhunderts aus der bereits genannten Stadt Kaschan nach Teheran gezogen, wo sie ihre Geschäfte und Unternehmen aufbauten. In den 20er Jahren des letzten Jahrhunderts war die Bevölkerung im Iran aufgefordert worden, sich offiziell registrieren zu lassen und neue Ausweise und Geburtsurkunden mit Nachnamen zu beantragen. Die Großeltern und Urgroßeltern von Manije suchten nach einem passenden Nachnamen, die es bis dahin in Persien nicht gegeben hatte. Am Ende wählten beide Herkunftsfamilien von Manije, die zuvor weder verwandt noch verschwägert waren, den Namen Eghrari, was »Bekenntnis« bedeutet. Rahmatollah, Manijes Vater, 1910 geboren, wuchs als Zweitältester mit seinen acht Geschwistern in Kaschan auf, wo er die Schulen »Einheit der Menschheit«, Dabestan Wahdate Baschar, besucht hatte – eine der ersten von Baha'i im Iran aufgebauten Grundschulen. Sein Vater Esmail Eghrari, geboren 1881, war einer der Gründer der Schule. Rahmatollahs Mutter Khorschid (»die Sonne«), 1891 geboren, stammte aus einer alten bürgerlichen Familie aus Kaschan. Sie war die einzige Tochter zwischen sieben Brüdern. Bis in ihr hohes Alter war diese starke, tapfere Frau mit ihrem Mann das Rückgrat der Familie, der sie auch in schwierigsten Zeiten immer wieder Hoffnung und Lebensmut spendeten. Dabei unterstützte sie, fern von religiösen Vorurteilen, ihr lebendiger Glaube, die Baha'i-Religion.

Tahere, Manije Peseschkians Mutter, wurde 1915 als erstes von sieben Kindern des Ehepaars Bahieh und Schaban Eghrari geboren. Bahieh, die 1899 geborene Großmutter von Manije Peseschkian, war bereits mit 15 Jahren verheiratet worden und lebte seitdem zusammen mit der Großfamilie ihres Mannes. Sie starb 1968 in New York. Ihr Mann Schaban (Manije Peseschkians Großvater mütterlicherseits) wurde 1886 geboren. Er war ein sehr angesehener Geschäftsmann. Zusammen mit seinem etwas jüngeren Bruder hatte er in Teheran diverse Unternehmen aufgebaut. Sie lebten alle in einem herrschaftlichen Haus (Sahib Divan).

In diesem Haus, das zu einer Begegnungsstätte für viele wurde, wuchs Tahere, Manije Peseschkians Mutter, zusammen mit ihrer Familie – Onkel, Tanten, Cousins, Cousinen und den Geschwistern – auf. Prominente Gäste, auch aus den USA und aus Europa, hielten in diesem Haus gelegentlich Vorträge.

Heute leben die Nachkommen der Bewohner jenes Hauses in allen fünf Kontinenten. 1955, nach dem Tode ihres Mannes, emigrierte Taheres Mutter mit einem Teil der Familie nach Brasilien.

Tahere, Manije Peseschkians Mutter, besuchte die amerikanische Mädchenschule und das Gymnasium in Teheran und absolvierte 1932 mit 17 Jahren das persische und zugleich das amerikanische Abitur. Sie studierte »akademische Hebamme« und heiratete Rahmatollah Eghrari. Ihre drei Kinder sind die Töchter Parivash, die in den USA wohnt, Manije in Deutschland und der Sohn Faramarz, der ebenfalls in den USA lebt.

Tahere und ihr Mann Rahmatollah entschlossen sich als junges Paar, die Welt kennen zu lernen. Sie bereisten 20 Jahre lang in den Ferien zahlreiche Länder. Die Erlebnisse, die sie in Begegnungen mit Menschen unterschiedlichster Religionen, Sitten und Lebensbedingungen machten, erweiterten ihre Menschenkenntnis. Es liegt eine Autobiographie von Tahere vor, in der sie alle ihre Lebenserfahrungen niedergeschrieben hat. Nach einem Besuch bei ihrem Sohn Faramarz im Jahr 1979 in den USA entschlossen sich die Eltern von Manije Peseschkian, dort zu leben. Manijes Vater Rahmatollah starb 1986 in Chicago, ihre Mutter Tahere 1998 in Los Angeles.

Manije – Schule und Studium

> »Wenn einer zeigen soll,
> was er kann,
> so muss man ihm auch die Gelegenheit geben
> sich zu beweisen.«
>
> (aus: *Positive Psychotherapie*)

Manije besuchte das Gymnasium *Reza Shah Kabir*. In dieser Zeit lernte sie Akkordeon zu spielen. Sie sagt hierzu: »Ich war allerdings nicht ausdauernd genug und hielt bloß einige Jahre durch. Zwar besitze ich mein Akkordeon noch heute, doch nur alle Schaltjahre hole ich es einmal heraus und spiele etwas für mich.« Manije schloss mit exzellenten Noten als Jahrgangsbeste ihr naturwissenschaftlich orientiertes Abitur ab. Anschließend begann sie an der Universität Teheran ein Studium der Biologie. Ihr eigentlicher Berufstraum war jedoch immer die Atomphysik gewesen. Manije Peseschkian stellt fest: »In dieser Phase meines Lebens zählte nur, Wissen zu erlangen – bis 1961 Nossrat erschien.«

Der Weg nach Deutschland

> »Die einmalige Gelegenheit,
> die du suchst, ist in dir selbst.
> Sie ist nicht in deiner Umgebung,
> sie ist kein Glücks- oder Zufall
> oder eine Chance oder Hilfe anderer.
> Sie liegt in dir allein.«
>
> Orison Swett Marden

Manije Peseschkian landete im Februar 1962 in Frankfurt am Main. Alles war neu und unbekannt: das Land, die Sprache, die Kultur, die Menschen – die ganze Umwelt. Manije sagt: »Mit 21 Jahren war ich kontaktfähig, eigenständig und kreativ. Trotzdem waren die ersten Schritte sehr schwierig. Ich musste ständig mit neuen Aufgaben rechnen. Aber ich konnte auch eigene Pläne für die Zukunft unserer kleinen Familie machen und auf den Schnellzug ins neue Entwicklungszeitalter aufspringen. Dass ich diese Entwicklungsphase ohne Schaden überstanden und als eine Stufe auf der Leiter zu meiner persönlichen Reife begreifen lernte, verdanke ich nicht zuletzt auch der Unterstützung meines Mannes.

Manije Peseschkian ist es gelungen, Tradition und Moderne auf ganz individuelle Weise zu verbinden. Sie ist eine Frau des

Manije und Nossrat Peseschkian (1962)

20. Jahrhunderts, in dem Frauen sich emanzipierten und Gleichberechtigung einforderten und erkämpften. Da sind sichtbare Freiheiten, wie zu studieren, sich individuell zu kleiden, zu reisen und so weiter, aber auch innere Freiheiten. Es war ihre Entscheidung, Mutter zu werden: »Die Zeit, in der ich als junge Mutter mit meinen Kindern beschäftigt war, betrachte ich als schönste Phase meines Lebens.« Innerlich frei und selbständig ist Manije Peseschkian auch im Verhältnis zu ihrem Mann Nossrat. Sie ist ihm eine gleichberechtigte Ehefrau, die mit Humor und Esprit mit ihrem Ehemann umgeht.

Manije Peseschkian hat stets regen Anteil an der beruflichen Entwicklung ihres Mannes genommen und diese zum Teil mitgestaltet. Sie erzählt: »Ich wollte nicht an der Seite meines sehr beschäftigten Mannes durch Abwesenheit glänzen. Ich war stets motiviert, flexibel und mobil. Ich nahm die Kinder und reiste oft mit meinem Mann mit; so zum Beispiel 1964 einmal in der Woche mit Hamid und Nawid im Kinderwagen nach Bonn. Auf diesen und weiteren Reisen habe ich viele westdeutsche Städte kennen gelernt.«

Geteilte Pflichten

»Ich halte es nicht mehr aus. Die Pflichten sind wie Berge, die ich nicht mehr von der Stelle rücken kann. Am frühen Morgen muss ich dich wecken, den Haushalt ordnen, die Teppiche säubern, die Kinder beaufsichtigen, auf dem Basar einkaufen, dir abends deine geliebte Reisspeise kochen und dich schließlich nachts noch verwöhnen.« So sprach eine Frau zu ihrem Mann. An einem Hühnerschenkel kauend, meinte dieser bloß: »Was ist schon dabei. Alle Frauen machen das Gleiche wie du. Da hast du es doch gut. Während ich die Verantwortung trage, sitzt du doch zu Hause herum.« – »Ach«, jammerte die Frau, »wenn du mir doch ein bisschen helfen könntest.« In einem Anfall von Großmut stimmte der Mann schließlich folgendem Vorschlag zu: Während die Frau für alles, was im Haus geschah, zuständig sein sollte, wollte er die Aufgaben außerhalb des Hauses übernehmen.

Diese Teilung der Pflichten ließ das Ehepaar über längere Zeit hinweg zufrieden zusammenleben. Eines Tages saß der Ehemann nach getätigtem Einkauf mit Freunden in einer Kaffeestube und rauchte zufrieden die Wasserpfeife. Ein Nachbar stürmte plötzlich herein und rief aufgeregt: »Komm schnell, dein Haus brennt.« Der Mann zog genüsslich an dem Mundstück der Wasserpfeife und meinte dann mit wunderbarem Gleichmut: »Sei so nett und sag es meiner Frau, denn schließlich ist sie für alles, was im Haus geschieht, verantwortlich. Ich bin nur für den Außendienst zuständig.«

(aus: *Positive Psychotherapie*)

Manije und Nossrat Peseschkian (1986)

Berufsleben

> »Güte in den Worten erzeugt Vertrauen,
> Güte beim Denken erzeugt Tiefe,
> Güte beim Verschenken erzeugt Liebe!«
>
> (aus: *Positive Psychotherapie*)

Als die Kinder in den Kindergarten kamen, absolvierte Manije Peseschkian eine Ausbildung zur EEG-Assistentin an der Frankfurter Universitätsklinik. Danach arbeitete sie jahrelang in der Praxis ihres Mannes. In dieser Zeit besuchte sie eine Dolmetscher- und Fremdsprachenschule. Doch ihr eigentliches berufliches Ziel war ein anderes: Pädagogik und Familientherapie. Kurz vor ihrem 40. Geburtstag hatte sie das Ziel erreicht. Seither arbeitet sie selbständig als Familientherapeutin.

Ein drittes Kind:
Internationales Zentrum für Positive Psychotherapie

Manije Peseschkian begleitete ihren Mann auf zahlreichen seiner Reisen in über 22 Kulturkreise, die er im Hinblick auf seine transkulturellen Forschungen unternahm. Sie hat somit sehr viel zum weltweiten Aufbau der zahlreichen Zentren der Positiven Psychotherapie beigetragen. Sie wird inzwischen als »Mutter der Positiven Psychotherapie« wahrgenommen.

Und wenn die von Nossrat Peseschkian veröffentlichten Bücher reden könnten, würden sie nicht zuletzt Geschichten von einer erfolgreichen Teamarbeit des Ehepaares erzählen. Gemeinsam sammelten sie Geschichten und Weisheiten und hielten auch jene Erinnerungen an Erzählungen schriftlich fest, die man ihnen als Kinder erzählt hatte.

Als Nossrat Peseschkians Bücher in andere Sprachen übersetzt wurden, wurde die Zusammenarbeit noch intensiver.

Manije berichtet: »1980 reiste ich nach Chicago, um ein Institut für englische Übersetzungen ausfindig zu machen. Am Ende verfügte ich über ein Protokoll meiner Gespräche mit verschiedenen Dolmetschern und einer Liste von über 30 Instituten. Es dauerte Monate – wir hatten damals kein Fax und keine E-Mail –, bis wir die geeignete Person ausfindig gemacht hatten. Um dann noch einen amerikanischen Verlag zu finden, reisten wir zusammen nach New York. Damals lernten wir nicht nur die Verlagshäuser in New York kennen, wir durchquerten auch einige Male ganz Manhattan. Ein Buch zu schreiben, ist schwierig, aber nachher mit der Übersetzung und dem Verlag fertig zu werden, ist noch schwieriger.« Heute hält Manije Peseschkian – vor allem im Ausland – zahlreiche Vorträge, sie gibt Seminare und zeigt Dia-Shows über wichtige Aspekte der Positiven Psychotherapie, Familientherapie und Transkulturellen Psychotherapie.

Eine besondere Begegnung

> »Kommt einmal der Bote des Todes zu Dir,
> um Dich zu holen,
> dann bleibt keine Zeit zum Unterhandeln.«
>
> *Orientalische Lebensweisheit*

Ein Thema, das Manije Peseschkian anhaltend und intensiv beschäftigt, ist Leben und Tod. Sie berichtet von drei existenziellen Erlebnissen, in denen sie dem Todesengel entkam.

Erstens: »Mit 15 Jahren erhielt ich als Schülerin einen Preis: eine Woche Zeltlager am Kaspischen Meer. Als ich zu Hause begeistert von der Sache erzählte, musste ich feststellen, dass meine Eltern nichts davon hielten. Es dauerte lange, bis ich die beiden überzeugen konnte, mir die Erlaubnis zu geben. So saß ich mit den anderen Schülerinnen in einem von acht gecharterten Bussen auf dem Weg nach Norden. Plötzlich hörten wir einen lauten Zusammenstoß und der Bus rollte wie ein Ball 150 Meter tief in den Fluss. Das war meine erste Begegnung mit dem Todesengel.

Zweitens: Ich war 23 Jahre alt und unser zweites Kind Nawid war geboren worden. Dauerhafte Schmerzen in Arm und Rücken waren der Beginn einer Odyssee durch Arztpraxen und Kliniken, die das ganze Jahr 1964 andauerte. Zuletzt kam ich in die Universitätsklinik Frankfurt mit Verdacht auf Tumor (Lymphogranulomatose). Die Therapie dauerte lange und ich war froh, dem Todesengel zum zweiten Mal entkommen zu sein.

Drittens: Im November 1992 hatten wir uns für einen Weltkongress angemeldet und alle Vorbereitungen getroffen. Plötzlich meldete sich der Todesengel wieder. Die Diagnose stand fest, aber durch eine Operation hatte der Todesengel zum dritten Mal eine Absage bekommen.«

Manije Peseschkian resümiert ihr bisheriges Leben: »Durch derartige Erfahrungen bin ich toleranter, geduldiger und demütiger geworden. Die Jahre, die mir noch bleiben, betrachte ich als Bonus. Ich schätze das Leben, die Unendlichkeit und das Geheimnis Gottes und hoffe, dass ich das unausweichliche Ende des Lebens würdig annehmen kann.«

Von der Krähe und dem Pfau

Im Park des Palastes ließ sich eine schwarze Krähe auf den Ästen eines Orangenbaumes nieder. Auf dem gepflegten Rasen stolzierte ein Pfau. Die Krähe krächzte: »Wie kann man überhaupt einem solch merkwürdigen Vogel gestatten, diesen Park zu betreten. Er schreitet so arrogant, als wäre er der Sultan persönlich, und dabei hat er doch ausgesprochen hässliche Füße. Und sein Gefieder, in was für einem hässlichen Blau! Eine solche Farbe würde ich nie tragen. Seinen Schweif zieht er hinter sich her, als wäre er ein Fuchs.« Die Krähe hielt inne und schwieg abwartend. Der Pfau sagte eine Zeit lang gar nichts, dann begann er wehmütig lächelnd: »Ich glaube, deine Aussagen entsprechen nicht der Wirklichkeit. Was du an Schlechtem über mich sagst, beruht auf Missverständnissen. Du sagst, ich sei arrogant, weil ich meinen Kopf aufrecht trage, sodass meine Schulterfedern sich sträuben und ein Doppelkinn meinen Hals verunziert. In Wirklichkeit bin ich alles andere als arrogant. Ich kenne meine Hässlichkeiten, und ich weiß, dass meine Füße ledern und faltig sind. Gerade dies macht mir so viel Kummer, dass ich meinen Kopf hoch trage, um meine hässlichen Füße nicht zu sehen. Du siehst nur meine Hässlichkeiten. Vor meinen Vorzügen und meiner Schönheit verschließt du die Augen. Ist dir das nicht schon aufgefallen? Was du hässlich nennst, bewundern die Menschen an mir.«

(aus: *Positive Psychotherapie*)

Facharztausbildung

»Aller Anfang ist leicht,
und die letzten Stufen werden am schwersten
und seltensten erstiegen.«

Johann Wolfgang von Goethe (*Wilhelm Meisters Wanderjahre*)

Als Nossrat Peseschkian nach Deutschland kam, dachte er, das Medizinstudium würde circa fünf Jahre dauern, und anschließend würde er in den Iran zurückkehren. Doch dann schien ihm die Weiterbildung zum Facharzt sinnvoll. Damit verbunden waren mehrfache Umzüge der jungen Familie; Manije Peseschkian stellt fest: »Wir sind nicht nur in der Psychotherapie Experten, sondern auch Reise- und Umzugsspezialisten. Insgesamt haben wir mehr als 60 Länder und Regionen der Welt bereist.«

Zunächst arbeitete Nossrat Peseschkian als Stationsarzt in einer Einrichtung der Landesversicherungsanstalt. Dann war er Assistenzarzt auf den inneren und chirurgischen Abteilungen eines Krankenhauses. 1965/66 begab sich Nossrat Peseschkian auf eine Forschungsreise in den Iran, wo er in einer Psychiatrischen Klinik als Assistent arbeitete. Bis 1967 war er zunächst Assistenzarzt in der Psychiatrischen Männerstation und dann auf der Intensivstation der Nervenklinik der Universitätsklinik Frankfurt am Main. 1967 nahm er an der Medizinischen Fakultät der Justus-Liebig-Universität in Gießen an einem Fortbildungslehrgang in Bäder- und Klimaheilkunde sowie physikalischer Medizin teil. Er arbeitete als 2. Stationsarzt auf der Frauenabteilung der Neurochirurgischen Universitätsklinik Frankfurt am Main und komplettierte seine Weiterbildung bei Prof. Dr. med. H. J. Bochnik, dem Direktor der Psychiatrischen und Neurologischen Klinik der Universität Frankfurt am Main. 1968 ging Nossrat Peseschkian zu einem

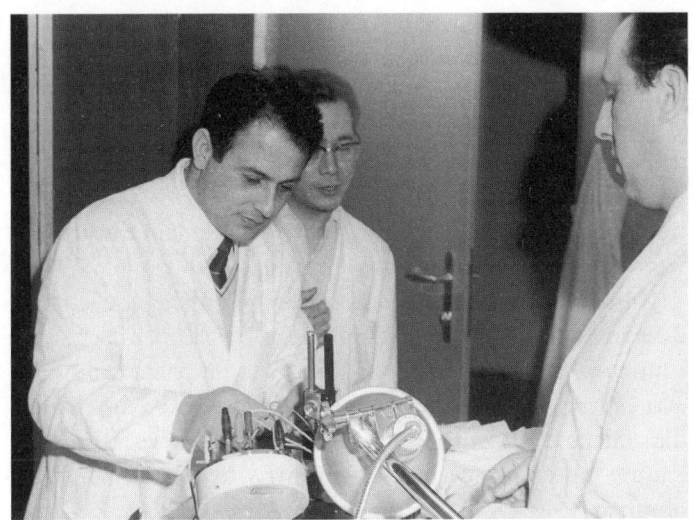

Facharztausbildung

Studienaufenthalt an die Humboldt-Universität Berlin (Medizinische Fakultät – Charité, Nervenklinik).

Es war einmal: Akademischer Gastarbeiter

»Ehrlichkeit ohne rechte Form ist Grobheit.«

Chinesische Weisheit

Diese Weiterbildung zum Facharzt für Neurologie und Psychiatrie erwies sich zum Teil als recht schwieriges Unterfangen; daran erinnert sich Nossrat Peseschkian deutlich.

Als künftiger Stationsarzt einer neurologischen und psychiatrischen Station wurde er vom Oberarzt eher kühl und unpersönlich begrüßt. Nossrat Peseschkian ahnte, dass es nicht einfach werden würde.

Bis dahin hat ihm die Arbeit als Assistenzarzt Spaß gemacht, aber die Arbeit in diesem Krankenhaus wurde für ihn eine gesundheitsgefährdende Belastung trotz eher geringfügiger Aufgaben. Jeden Morgen kam als Begrüßung: »Blutdruck gemessen?«, und oft fragte der Oberarzt: »Wozu brauchen wir in Deutschland akademische Gastarbeiter?« In den 50er und 60er Jahren war in der Bundesrepublik damit begonnen worden, Ausländer als Gastarbeiter anzuwerben.

Nossrat Peseschkian wusste am Anfang nicht, wie lange er dies aushalten würde. Medizinische Tätigkeiten, die er zuvor routinemäßig durchgeführt hatte, mussten jetzt vom Oberarzt geprüft werden. Ein Gegengewicht auf der Station bildete der Chefarzt, der die Fähigkeiten Nossrat Peseschkians erkannte und ihm wichtige neurologische Untersuchungen übertrug.

1968 bestand Nossrat Peseschkian die Prüfung als Facharzt für Nerven- und Gemütskrankheiten. 1969 wurde er als ordentliches Mitglied in die Deutsche Gesellschaft für Neurologie aufgenommen. 1996 folgte dann noch der Facharzt für Psychotherapeutische Medizin, 1999 der Facharzt für Psychiatrie und Psychotherapie.

Dissertation

Seit 1968 ist Nossrat Peseschkian auch Doktor der Humanmedizin. In der Universitätsklinik in Frankfurt am Main forschte er zum Thema »Aktionsmechanismus von 5 – Carbamyl – 5H – Dibenzo (b.f.) Azepin (Tegretal) Neurophysiologische experimentelle Untersuchungen an Katzen«. Sein wissenschaftlicher Betreuer war Italiener, sein Doktorvater Deutscher. Dieser sprach dann auch von der »Deutsch-Persisch-Italienischen Dissertation«.

»Alle Heilkunst ist vergebens,
wenn der Kranke nicht mitwirkt mit seinem Arzt.«

Paracelsus

Das passende Gebet

Abdu'l-Bahá, der Sohn Baha Ullas, des Begründers der Baha'i-Religion, war auf einer Reise von einer Familie zum Essen eingeladen worden. Die Frau des Hauses meinte es besonders gut und wollte ihre ganze Kochkunst unter Beweis stellen. Als sie die Speisen auftrug, entschuldigte sie sich dafür, dass das Essen angebrannt sei. Sie habe nämlich während des Kochens Gebete gelesen, in der Hoffnung, dass das Mahl dadurch besonders gut gelingen werde. Abdu'l-Bahá antwortete mit einem freundlichen Lächeln: »Es ist gut, dass du betest. Nimm aber doch in der Küche nächstes Mal das Kochbuch.«

(aus: *Der Kaufmann und der Papagei*)

Weiterbildung zum Psychotherapeuten

»Die Welt in ihrer Tiefe verstehen
heißt, den Widerspruch verstehen.«

Friedrich Nietzsche

Sowohl seine Ursprungsfamilie wie auch seine persönlichen Lebenserfahrungen und die weit gefächerten Studien – zunächst Literatur- und Kulturwissenschaften, dann Humanmedizin – erschlossen dem angehenden Arzt das Konzept einer ganzheitlichen Medizin. Bereits in Persien und dann während seiner gesamten Studienzeit in Deutschland las Peseschkian nicht nur körpermedizinisch orientierte Kompendien und Fachzeitschriften, sondern auch Bücher über Philosophie, Soziologie, Psychologie und Psychotherapie.

Das Erkenntnisinteresse, das von der transkulturellen Stellung zwischen Orient und Okzident ausging, verstärkte sich bei Nossrat Peseschkian noch, als er Verwandten und Freunden half, die ihn mit dem Wunsch nach medizinischem Rat in Europa aufsuchten: »Dabei fiel mir als Dolmetscher zwischen den Welten auf, wie wenig die Schilderung der Kranken über ihr Leiden mit der Diagnose und Therapie der behandelnden Spezialisten übereinstimmten. Wieso, so drängte sich mir die Frage auf, behandelten die Ärzte nur den Körper, wenn allem Anschein nach die Seele mit die Ursache des Leidens war?« Ganz ähnlich empfand er die Diskrepanz zwischen den Urteilen seiner Fachkollegen bei der Behandlung von Herz- und Kreislauferkrankungen. Nossrat Peseschkian musste feststellen, dass der Patient jeweils nach dem Fachgebiet des Arztes, aber ohne Berücksichtigung der körperlichen und seelischen Befindlichkeit des Patienten behandelt wird. Durch diese Erfahrungen wurde er auf die Bedeutung der psychosozialen Normen für die Sozialisation und Entstehung zwischenmenschlicher und innerseelischer Konflikte aufmerksam. Hiervon beeinflusst, orientierte sich Nossrat Peseschkian bereits während seiner Facharztausbildung in Richtung einer psychotherapeutischen Medizin.

Begegnungen

> »Nichts wird so oft unwiederbringlich versäumt wie
> eine Gelegenheit, die sich täglich bietet.«
>
> Marie von Ebner-Eschenbach

1963 / 64 begann Nossrat Peseschkian in Bonn bei Professor Dr. C. Fervers mit der Weiterbildung in Psychotherapie und vertiefte sein psychotherapeutisches Wissen. 1965 war er erstmals, 1968 ein weiteres Mal in den USA, um bei amerikanischen Kollegen zu hospitieren. Während seines Studienaufenthaltes in New York am Pilgrim State Hospital (State of New York Department of Mental Hygiene) nahm er an gruppentherapeutischen Sitzungen und auch an Treffen der »Anonymen Alkoholiker« teil. 1969 konnte er einen Studienaufenthalt am South Florida State Hospital arrangieren, wo er zusammen mit Richard H. Parks, M. D. Superintendent, arbeitete. In den USA begegnete Nossrat Peseschkian auch erstmals Professor Dr. Wolpe, den er dann in Brasilien und 1994 während des Weltkongresses der Psychotherapeuten in Hamburg wieder sah.

1968 hielt Nossrat Peseschkian sich zu einem Studienaufenthalt in der Klinik Otto Büchinger in Überlingen am Bodensee auf, wo er sich mit dem Heilfasten und den dazugehörigen physiologischen Methoden befasste. Aus dieser Zeit datiert seine erste Fachpublikation, das Buch »Fasten« aus psychotherapeutischer und psychohygienischer Sicht. Auch seine Weiterbildung bei Professor Dr. H. J. Bochnik, dem Direktor der Psychiatrischen und Neurologischen Klinik der Universität Frankfurt am Main und seine 1968 unternommene Reise nach Berlin an die Humboldt-Universität (Medizinische Fakultät – Charité, Nervenklinik), wo er die Bekanntschaft mit Direktor Professor Dr. K. Leonhard machte, waren für seine psychotherapeutische Weiterbildung wichtig.

Ein mehrwöchiger Studienaufenthalt in Österreich führte zur Begegnung mit Universitätsprofessor Dr. Viktor E. Frankl, dem Vorstand der Wiener neurologischen Poliklinik. Viktor Frankl hatte mit Sigmund Freud und Alfred Adler in Kontakt gestanden und wurde mit seiner Logotherapie berühmt. In Wien konnte Nossrat Peseschkian auch eine Verbindung zu Professor Dr. J. L. Moreno und seiner Frau Zerka Moreno aufbauen, den beiden exponiertesten Protagonisten des Psychodramas.

Zu jener Zeit nahm er unter anderem an zahlreichen Kongressen teil und arbeitete als Gastarzt an der Universität Mainz,

Nossrat Peseschkian und die Herren Battegay und Benedetti; Weltkongress der Positiven Psychotherapie in Wiesbaden im Jahr 2000

Klinik und Poliklinik für Psychotherapie, wo er beim Direktor dieser Einrichtung, Professor Dr. D. Langen, in Autogenem Training und in Hypnotherapie weitergebildet wurde.

Seine Lehrtherapie absolvierte Nossrat Peseschkian bei dem schweizerischen Schüler und Mitarbeiter Sigmund Freuds, Professor Dr. Heinrich Meng in Basel. Aus dieser Zeit in Basel datieren auch die Beziehungen zu Professor Dr. Battegay und Professor Dr. Benedetti, die an der späteren Entwicklung Nossrat Peseschkians stets regen Anteil nahmen.

In Westberlin besuchte Nossrat Peseschkian den von ihm hoch verehrten Professor J. H. Schulz, den Begründer des Autogenen Trainings. Für Nossrat Peseschkian war die Begegnung besonders wichtig, denn er konnte bei Professor Schulz in Privatstunden das Autogene Training erlernen.

Jeder neue Lebensabschnitt, jeder Übergang, jeder Einschnitt brachte für Nossrat Peseschkian stets neue Beziehungen mit sich, die er nicht missen möchte. Zu den wichtigsten Personen, die ihm begegneten, zählt er Dr. Thomas Jungblut und dessen Familie, Professor Dr. H. J. Rheindorf und Willi Köhler, seinen inzwischen verstorbenen Lektor.

»Wie die Pflanzen haben auch die
meisten Menschen versteckte Eigenschaften.
Nur der Zufall bringt sie ans Licht.«

(aus: *Positive Psychotherapie*)

Fünfzig Jahre Höflichkeit

Ein älteres Ehepaar feierte nach langen Ehejahren das Fest der Goldenen Hochzeit. Beim gemeinsamen Frühstück dachte die Frau: »Seit fünfzig Jahren habe ich immer auf meinen Mann Rücksicht genommen und ihm immer das knusprige Oberteil des Brötchens gegeben. Heute will ich mir endlich diese Delikatesse gönnen.« Sie schmierte sich das Oberteil des Brötchens und gab das andere Teil ihrem Mann. Entgegen ihrer Erwartung war dieser hoch erfreut, küsste ihre Hand und sagte: »Mein Liebling, du bereitest mir die größte Freude des Tages. Über fünfzig Jahre habe ich das Brötchenunterteil nicht mehr gegessen, das ich vom Brötchen am allerliebsten mag. Ich dachte mir immer, du solltest es haben, weil es dir so gut schmeckt.«

(aus: *Der Kaufmann und der Papagei*)

»Ärztliche Kunst ist,
zielsicher die Heilkräfte der Natur zu steuern
und mit den neuesten Errungenschaften
wissenschaftlicher Forschung zu verbinden.«

Lampert

Psychotherapeutische Praxis und Tagesklinik

Es war Sommer 1967; die Familie Peseschkian lebte in Neu-Isenburg. Eine Praxiseinrichtung war gekauft und in einem Zimmer gelagert worden. Abschiedsbriefe an Freunde und Kollegen waren in Vorbereitung.

Geplant war die Eröffnung einer medizinischen Praxis als Facharzt für Neurologie und Psychiatrie. Die Lehr- und Wanderjahre waren vorbei. Einziges Problem war die Wahl des Landes. Die iranische Regierung versuchte hartnäckig, die Ärzte, auch Nossrat Peseschkian, zu bewegen, in den Iran zurückzukehren, um an den Universitäten tätig zu werden. Auch in Florida lag für Nossrat Peseschkian ein Arbeitsvertrag bereit. Doch dann – nach langem Hin und Her – erhielt Nossrat Peseschkian die Erlaubnis, eine ärztliche Praxis in Deutschland zu eröffnen.

Deutschland wurde nun auf Dauer das »Headquarter« der Familie Peseschkian und Wiesbaden die neue Wahlheimat. Die Entscheidung war nicht schwer gefallen, da Deutschland inzwischen bereits zur zweiten Heimat geworden war. Als Nossrat Peseschkian am 5. Mai 1969 in Wiesbaden in der Taunusstraße 14 seine Praxis eröffnete, erwartete ihn ein weites, anspruchsvolles Betätigungsfeld. Seine Schwerpunkte waren Familientherapie, psychosomatische Medizin und transkulturelle Psychotherapie. Einen Achtstundentag gab es nicht. Oft war es nicht leicht, den Patienten Hilfe zu leisten und Verständnis für ihre Nöte aufzubringen. Er lernte während der praktischen Arbeit. Anfangs nahm er gar manchen Suizidgefährdeten mit nach Hause.

Stationen seiner Tätigkeit als praktischer, niedergelassener Psychotherapeut in Wiesbaden waren bis heute:

1968–1999 psychotherapeutische Praxis;
1974–1999 psychotherapeutische Tagesklinik;

1981–1999   Praxis;
seit 1999   Wiesbadener Akademie für Psychotherapie.

Bereits während seiner Ausbildung zum Psychotherapeuten war er weniger an theoretischer Differenzierung und Polemik interessiert als an einer praktisch orientierten Arbeitsweise. Er konzentrierte sich schon früh auf salutogenetische Potenziale seiner Patienten, die er bald nur noch seine »Gäste« nannte. Positive Psychotherapie bedeutet, die Fähigkeiten dieser »Gäste« zu erkennen, ihnen Mut zu machen und »das Tor zu einer helleren Phantasie über die Zukunft ihres Lebens zu öffnen«. Er arbeitete tiefenpsychologisch fundiert und legte großen Wert auf eine medizinisch-ethische Menschenführung.

Es war einmal: Der höfliche Patient

Der Begriff »Aktualfähigkeiten« und ihre Verankerung in oft unbewussten »Konzepten« ziehen sich als Forschungsthema wie ein roter Faden durch alle Bücher von Peseschkian. Oft wenden wir die aus unserem Erziehungssystem resultierenden Konzepte und unsere Aktualfähigkeiten, die wir selbst als vollkommen richtig und ethisch bindend ansehen, unbewußt und unverstanden auf andere Menschen und deren Verhaltensweisen an, sodass es zu Missverständnissen und Konflikten kommen kann.

Im folgenden Fall ist »Höflichkeit« die dominante Aktualfähigkeit: Frühmorgens klingelt das Telefon. Es spricht Herr A., der am Abend zuvor in der Montagsgruppe war. Herr A. wohnt in Frankfurt, und auf die Frage, von wo aus er anrufe, antwortet er: »Aus Wiesbaden, ich bin in Ihrer Praxis.« Erstaunt sagt Nossrat Peseschkian zu ihm: »Sie haben Glück, dass meine Sekretärin ausnahmsweise so früh da ist.« – »Sie ist noch nicht da«, antwortete Herr A. »Und wie sind Sie hineingekommen?«, fragt Nossrat Peseschkian. »Ich habe heute Nacht in Ihrer Praxis geschlafen«, sagt er, »gestern Abend nach der Gruppe ging ich zur Toilette; als ich raus kam, waren alle Lichter aus und die Tür abgeschlossen.« Auf die Frage von Nossrat Peseschkian: »Warum haben Sie uns nicht angerufen?«, antwortet der höfliche Patient: »Sie haben Ihren Feierabend mit der Familie verdient, ich wollte Sie nicht stören!« Daraufhin erzählt Nossrat Peseschkian Herrn A. folgende Fabel: »Ein Mullah lief aus seinem brennenden Haus heraus, kurz bevor das Dach herunterkrachte. Die Nachbarn waren froh, ihn lebendig zu sehen. Sie gratulierten und fragten: ›Konntest du nicht deiner Frau helfen und sie retten?‹ Traurig und mit Tränen in den Augen antwortete der Mullah: ›Ich hätte sie nur zu wecken brauchen, um mit ihr zusammen das Haus zu verlassen, aber sie schlief wie ein Engel, wie hätte ich sie in dieser Ruhe stören können?‹«

Beziehung zum Humor

> »Die Einbildung tröstet die Menschen über das,
> was sie nicht sein können,
> und der Humor tröstet sie darüber hinweg,
> was sie wirklich sind.«
>
> Albert Camus

Nossrat Peseschkian hat früh erkannt, dass und wie Lachen und Humor in der Medizin als Heilmittel angewendet werden können und welchen Einfluss sie auf Krankheiten und unsere Gesundheit nehmen können. Sein Prinzip:

Keiner seiner Patienten soll sein Sprechzimmer verlassen, bevor er nicht mindestens dreimal gelacht hat. Humor und die Fähigkeit zu lachen und sich an lustigen Dingen zu erfreuen, ist eine ungemein wichtige und heilvolle Eigenschaft der Menschen. Art und Weise des Humors eines Menschen sind aufschlussreich für eine Diagnose.

> »Lache die Welt an –
> und sie lacht zurück!«
>
> *Orientalische Weisheit*

Humor in der Psychotherapie heißt: Im gemeinsamen Lachen solidarisieren sich Psychotherapeut und Patient und finden einen Ausweg aus einer schier ausweglosen Situation. Nossrat Peseschkian hatte während seiner transkulturellen Forschungen erlebt, wie in manchen Kulturen Humor, Spaß und Wortspielereien als eine wertvolle Hilfe zur Wiederherstellung der körperlichen und emotionalen Gesundheit eines Menschen genutzt werden. Die Fähigkeit zu lachen ist eine Grundgegebenheit menschlicher Existenz; doch diese Fähigkeit bedarf eines lebenslangen Trainings. Nossrat Peseschkians Weisheit in diesem Zusammenhang lautet: »Humor ist das Salz des Lebens. Wer gut gesalzen ist, bleibt lange frisch.«

Geschichten, Parabeln und Mythen

»In meiner Praxis, in Seminaren und Vorträgen, konnte ich immer wieder die Feststellung machen, dass gerade Parabeln und orientalische Geschichten den Zuhörern und Patienten entgegenkamen. Parabeln sind für mich Bilder in der Sprache. Als solche unterstützen sie Verhältnisse und haben zentralen didaktischen Wert. Viele Menschen fühlen sich überfordert, wenn sie mit abstrakten psychotherapeutischen Inhalten konfrontiert werden. Da die Psychotherapie sich nicht nur im Feld der Fachleute abspielt, sondern eine Brücke zu den Nichtfachleuten, den Patienten, schlägt, besteht für sie in besonderem Maß das Gebot, verständlich zu sein. Eine Verständnishilfe ist das Beispiel, die mythologische Geschichte, das sprachliche Bild. Es beinhaltet in irgendeiner Form innerseelische, zwischenmenschliche und gesellschaftliche Konflikte und gibt Lösungsmöglichkeiten vor. Losgelöst von der unmittelbaren Erfahrungswelt des Patienten, seinen Widerständen gegenüber der Aufdeckung seiner Konflikte und Schwächen, hilft das mythologische Beispiel, gezielt eingesetzt, ein distanziertes Verhältnis zu den eigenen Konflikten zu gewinnen. Der Mensch denkt nicht nur in abstrakten und theoretischen Begriffen. Das Verständnis seiner eigenen Probleme wird eher durch anschauliches, bildhaftes Denken und die gefühlsbesetzte Phantasie bestimmt. Diese Erkenntnis führte mich dazu, das bildhafte Denken und damit mythologische Geschichten und Fabeln als Verständnishilfen in den therapeutischen Prozess einzubeziehen. Ein weiteres Anliegen meines Buches war es, die Weisheiten und intuitiven Gedanken des Orients mit den neuen psychotherapeutischen Erkenntnissen des Okzidents zu vereinen. Nicht nur die Grundsätze der großen Religionen, sondern auch die Weisheiten orientalischer und westlicher Philosophen und Wissenschaftler werden im Licht der modernen Psychotherapie betrachtet.«

(aus: *Psychotherapie des Alltagslebens*)

Eine psychotherapeutische Methode wird geboren

> »Um an die Quelle zu kommen,
> muss man gegen den Strom schwimmen.«
>
> (aus: *Positive Psychotherapie*)

Nossrat Peseschkian ist Begründer der Positiven Psychotherapie, eines interdisziplinären und transkulturellen Ansatzes der Psychotherapie. Im letzten Drittel des 20. Jahrhunderts, das unter anderem auch als das Jahrhundert der Psychotherapie bezeichnet werden kann, schuf er ein integratives System psychotherapeutischer Theorie und Praxis. Auf dem Wissen einer hundertjährigen Psychotherapiegeschichte aufbauend, greift er die alte Intention psychotherapeutischer Forschung und Wirksamkeit, zugleich konkrete, praktische Lebenshilfe zu sein, erneut auf. Seine Positive Psychotherapie ist eine zeitgemäße und ständig in Entwicklung begriffene Methode ganzheitlicher Menschenbehandlung und Menschenführung. Das ihr zugrunde liegende positive Menschenbild ist die Basis für einen liebevollen Umgang der Menschen miteinander trotz aller kulturellen Unterschiede zwischen den Menschen. Positive Psychotherapie ist engagierte Psychotherapie.

Die Positive Psychotherapie basiert auf drei Prinzipien: dem positiven Ansatz (dem positiven Menschenbild) unter transkulturellem Gesichtspunkt, dem inhaltlichen Ansatz (Konfliktdynamik und Konfliktinhalt), dem fünfstufigen Vorgehen im Rahmen der Therapie und Selbsthilfe (Metatheorie).

Mythentherapie

In der Frankfurter Universitätsklinik, wo er Mitte der 60er Jahre als Stationsarzt tätig war, ließ Nossrat Peseschkian einige psychiatrische Patienten, die während der Nacht sehr unruhig waren, ein warmes Bad nehmen. Die Entspannung, die die Patienten erlebten, hat er genutzt und orientalische Geschichten, passend zu ihrer Lebenssituation, erzählt und hin und wieder auch orientalische Melodien gesungen. Er war sehr überrascht, wie diese Kombination wirkte: Die Patienten wurden zugänglicher und benötigten weniger Medikamente. Von nun an wurden Geschichten und Weisheiten systematisch in die Therapie einbezogen. Schon der berühmte Chirurg Sauerbruch hatte festgestellt: »Wenn ein Arzt seinem Patienten gute Geschichten erzählt, dann braucht er halb so viel Narkosemittel.«

Orientalische Geschichten, Parabeln und Mythen bezog Nossrat Peseschkian verstärkt in die psychotherapeutische Arbeit ein. Er nannte diese Anfänge der Positiven Psychotherapie auch »Mythentherapie«.

Schriftliche Quellen und mündliche Überlieferungen haben die Mythen und Geschichten aus dem alten Persien bis in unsere Tage lebendig erhalten. Ihre Bedeutung für die persische Gesellschaft von heute liegt darin begründet, dass fast alle Iraner, ob sie nun des Lesens kundig sind oder nicht, mit zahlreichen dieser Geschichten vertraut sind. Geschichten hören und Geschichten erzählen ist selbstverständlicher Bestandteil des persischen Alltagslebens.

Nossrat Peseschkian verband diese Traditionen mit den Entwicklungen der Psychotherapie des 20. Jahrhunderts. Während seiner Facharztausbildung für Neurologie und Psychiatrie entwickelte er erste Ansätze einer Positiven Psychotherapie. 1968 konzipierte er Überlegungen zu einer »Mythentherapie« und stellte sie kurz darauf in Fort Lauderdale/

Florida, Psychotherapeuten und Psychiatern vor. Seine Ideen wurden freundlich aufgenommen. Er fühlte sich ermutigt, diese Arbeit in Deutschland fortzusetzen.

Differenzierungsanalyse

Von der Mythentherapie führte der Weg zur Positiven Psychotherapie unter Berücksichtigung der Differenzierungsanalyse. Nossrat Peseschkian schreibt in *Psychotherapie und Alltagsleben*: »Eine wesentliche Motivation für meinen Ansatz mag gewesen sein, dass ich mich gewissermaßen in einer transkulturellen Situation befinde. Als Perser lebe ich seit 1954 in Europa. Unter diesem Gesichtspunkt wurde ich auf die Bedeutung psychosozialer Normen für die Sozialisation und Entstehung zwischenmenschlicher und innerseelischer Konflikte aufmerksam. Dabei fand ich sowohl bei orientalischen als auch bei europäischen und amerikanischen Patienten hinter den bestehenden Symptomen in der Regel Konflikte, die auf eine Reihe immer wiederkehrender Verhaltensnormen zurückgehen. Ich versuchte daher, diese Verhaltensnormen zu sammeln, eng zusammengehörende Begriffe zusammenzufassen und ein Inventar zu erstellen, mit dessen Hilfe sich die zentralen Konfliktbereiche beschreiben lassen. Diese Verhaltensnormen nannte ich *Aktualfähigkeiten*. Diesen Begriff führte ich deshalb ein, weil er Normen beinhaltet, die in unseren täglichen zwischenmenschlichen Beziehungen wirksam sind und daher fortwährend aktuelle Bedeutung besitzen. Die Differenzierungsanalyse geht von den Aktualfähigkeiten als den wirksamen Entwicklungs- und Konfliktpotenzialen aus. Dabei haben wir es nicht mit geheimnisvollen Fachbegriffen, sondern mit Normen und Verhaltensweisen zu tun, mit denen jeder Mensch tagtäglich konfrontiert wird. Wenn wir uns ärgern oder Zorn über einen Menschen empfinden, uns empört zurückziehen oder uns benachteiligt fühlen, aus der Haut fahren möchten und dergleichen mehr, was steckt dahinter? Dieser Frage bin ich nachgegangen und habe hinter den Beschwerden und Konflikten von Patienten und Klienten die inhaltlichen Bedingungen dieser Konflikte zu erfassen versucht. Die Zusammenstellung der Aktualfähigkeit in ihrer jetzigen Form entstand über acht Jahre hinweg... Damit wir uns ein Bild von diesen sozialen Normen machen und unsere Einstellung dazu kritisch betrachten können, habe ich versucht, die zentralen, nahezu überall wirksamen Verhaltensnormen zusammenzustellen, auf deren Grundlage sich die meisten unserer Konflikte entwickeln. Dieses Inventar nennen wir das Differenzierungsanalytische Inventar (DAI). Treten Probleme und Konflikte auf, kann man diese Probleme anhand des DAI durcharbeiten. Wir sagen also nicht mehr, mein Partner ist ein Unmensch, ich halte es nicht mehr bei ihm aus, er ärgert mich dauernd, er macht mich fertig – sondern wir versuchen die besonderen inhaltlichen Merkmale des Problems zu erfassen. So wird aus der Aussage: Mein Partner ist ein Unmensch, vielleicht die Feststellung, ich fühlte mich von meinem Partner heute unhöflich und ungerecht behandelt. Er hat mich zu lange warten lassen und sich noch nicht einmal bei mir entschuldigt.«

Die Differenzierungsanalyse eröffnet Möglichkeiten psychodynamischer Inhaltsanalysen. Während in herkömmlichen Psychotherapien formale psychodynamische Wirkungszusammenhänge im Zentrum der Aufmerksamkeit stehen, wendet die Differenzierungsanalyse den Blick entschieden auf den Inhalt. Neben dem »Wie« der Psychodynamik wird das »Was« der inner- und zwischenmenschlichen Beziehungen thematisiert.

Zur Selbst- und Partnerkontrolle für den Leser
Das Differenzierungsanalytische Inventar (DAI, Kurzform)

Aktualfähigkeiten	Patient	Partner	Spontanaussagen
Pünktlichkeit			
Sauberkeit			
Ordnung			
Gehorsam			
Höflichkeit			
Ehrlichkeit/ Offenheit			
Treue			
Gerechtigkeit			
Fleiß/Leistung			
Sparsamkeit			
Zuverlässigkeit/ Genauigkeit			
Liebe			
Geduld			

Aktualfähigkeiten	Patient	Partner	Spontanaussagen
Zeit			
Vertrauen/ Hoffnung			
Kontakt			
Sex/Sexualität			
Glaube/Religion			

Positive Psychotherapie

Zu seiner Vorgehensweise bemerkt Nossrat Peseschkian: »Eine wichtige Motivation für den Ansatz der Positiven Psychotherapie mag gewesen sein, dass ich mich in einer transkulturellen Situation befinde. Ich konnte feststellen, dass orientalische Ärzte so lange honoriert wurden, wie ihr ›Patient‹ gesund war. Nach diesem alten Versorgungssystem war der Arzt nicht primär für die Krankheit, sondern für die Erhaltung der Gesundheit zuständig. Diese Beobachtungen regten mich an, ein Modell zu entwickeln, das versuchsweise nicht die Krankheit, sondern die Gesundheit in den Mittelpunkt stellt. Positiv (lateinisch: positum) bedeutet für mich das Tatsächliche, das Vorgegebene. Tatsächlich und vorgegeben sind nicht nur die Konflikte und Störungen, sondern auch die Fähigkeiten, die der Mensch mitbringt. Es wird der Versuch unternommen, hinter der jeweiligen Erkrankung eines Patienten zunächst die ›positiven‹ Aspekte zu erkennen (Progression) und erst dann auf die Konflikte (Regression) einzugehen.«

Ziel der Positiven Psychotherapie ist es, eine Gesamtdiagnose für den Patienten zu finden, das heißt, eine Diagnose, die sowohl das Symptom und seine Ursache erfasst als auch die mittelbaren Ursachen, die aus Lebenssituation, Umwelt, Familie, Subkultur und Kultur resultieren. Darüber hinaus muss dieses Modell die gesunden Potenziale des Patienten aufzeigen, aus denen die Ressourcen für eine Heilung beziehungsweise die Fähigkeiten und Energien für den Umgang mit der Krankheit und der veränderten Lebenssituation hervorgehen.

Positive Psychotherapie wird sowohl von den Krankenkassen als auch von der Landesärztekammer Hessen als tiefenpsychologisch fundierte Psychotherapie anerkannt.

Nicht alles auf einmal

> Der Mullah, ein Prediger, kam in einen Saal, um zu sprechen. Der Saal war leer, bis auf einen jungen Stallmeister, der in der ersten Reihe saß. Der Mullah überlegte sich: »Soll ich sprechen oder es lieber bleiben lassen?« Schließlich fragte er den Stallmeister: »Es ist niemand außer dir da, soll ich deiner Meinung nach sprechen oder nicht?« Der Stallmeister antwortete: »Herr, ich bin ein einfacher Mann, davon verstehe ich nichts. Aber wenn ich in einen Stall komme und sehe, dass alle Pferde weggelaufen sind und nur ein einziges dageblieben ist, werde ich es trotzdem füttern.« Der Mullah nahm sich das zu Herzen und begann seine Predigt. Er sprach über zwei Stunden lang. Danach fühlte er sich sehr erleichtert und glücklich und wollte durch den Zuhörer bestätigt wissen, wie gut seine Rede war. Er fragte: »Wie hat dir meine Predigt gefallen?« Der Stallmeister antwortete: »Ich habe bereits gesagt, dass ich ein einfacher Mann bin und von so etwas nicht viel verstehe. Aber wenn ich in einen Stall komme und sehe, dass alle Pferde außer einem weggelaufen sind, werde ich es trotzdem füttern. Ich würde ihm aber nicht das ganze Futter geben, das für alle Pferde gedacht war.«
>
> (aus: *Der Kaufmann und der Papagei*)

Vorträge und Bücher

»Aus kleinen Träumen können
irgendwann große Erfolge werden.«

Bernhard Samwald

Nossrat Peseschkians Erfolg als Vortragender begann bereits in den 60er Jahren. Im Kurhaus Bad Schwalbach trat er erstmals vor Publikum auf. Er sprach über Kultur, Kunst und Religion im Iran. Er begeisterte seine Zuhörer mit Zitaten aus Goethes »West-östlicher Divan«.

An diesen Vortrag knüpft sich eine für ihn wichtige Erinnerung. Er hatte sich ein Konzept zurechtgelegt. Da noch Zeit für Fragen und Diskussionen sein sollte, war die Dauer seines Vortrages auf 30 Minuten begrenzt. Er versuchte möglichst viel über seine Heimat in dieser kurzen Zeit darzustellen. Am nächsten Tag stand ein sehr ermutigender Bericht über den Vortrag des jungen Arztes in der Zeitung. Allerdings merkte der Reporter an: »Ein bisschen weniger wäre mehr gewesen.« Diese Lektion begleitet Nossrat Peseschkian seit dieser Zeit bei allen seinen Vorträgen und bestätigt den Spruch »In der Kürze liegt die Würze«.

Während seiner zahlreichen Vorträge und Workshops vermittelt Nossrat Peseschkian auch Laien auf unkomplizierte Weise all sein Wissen. So erhielt eine Vielzahl von Menschen Klarheit über die Geschichte, Entwicklungen und Möglichkeiten der Psychotherapie. Er hält seine Vorträge meist in freier Rede: Dadurch ist er in der Lage, sehr rasch Kontakt zu seinen Zuhörern herzustellen.

Bei einem Vortrag

Es war einmal: Nossrat Peseschkian und die Journalisten

> »Es kommt immer ganz anders!
> Das ist ein wahres Wort
> und im Grunde zugleich
> auch der beste Trost.«

Wilhelm Raabe

Aufgrund seiner zahlreichen Vorträge wurde Nossrat Peseschkian für Journalisten als Interviewpartner interessant. Eines Tages bat ihn eine Reporterin einer bekannten Boulevard-Zeitung um ein telefonisches Interview. Das Gespräch dauerte etwa 20 Minuten. Vor allem wurde über Paar- und Familientherapie gesprochen. Unter anderem wurde auch auf die Frage über die Häufigkeit von Sex in der Ehe eingegangen.

Am nächsten Tag war darüber in der Zeitung zu lesen: »*Sex vor dem Frühstück*«; vom Wiesbadener Psychotherapeuten Dr. med. Nossrat Peseschkian. Er war über die oberflächliche Darstellung der Journalistin sehr enttäuscht und zog daraus die Lehre, nie mehr telefonische Interviews zu akzeptieren, sofern ihm der Journalist nicht persönlich bekannt ist.

Zettelwirtschaft

> »Mag das Gute noch so fern von mir sein,
> wenn ich ernsthaft danach strebe, ist es da.«
>
> Konfuzius

Wissenschaftliche Forschung erfordert zuweilen unkonventionelle Kreativität. Nossrat Peseschkian ist daher ständig mit Beobachtungen zu seinen gerade aktuellen psychotherapeutischen Forschungen beschäftigt.

Seit seiner Facharztausbildung bringt er stets seine Gedanken über Psychotherapie, zu Erlebnissen aus transkulturellen Begegnungen und über aufschlussreiche Begebenheiten zu Papier.

Es kann schon vorkommen, dass er mitten in der Nacht erwacht und schreiben muss. Dies kann sogar im Dunklen geschehen. Seine Frau Manije, die dies oft beobachtete, bemerkt hierzu humorvoll: »Mitunter hatte ich das Gefühl, er hätte jetzt eine Art Erleuchtung. Tatsächlich hatte er eine Antwort auf eine Frage gefunden, die ihn schon tags zuvor sehr beschäftigte.« Die Notizen wurden am nächsten Tag geordnet, und es kam vor, dass sie dann später in einem seiner Bücher erschienen.

Die meisten seiner Bücher entstanden – zumindest während der warmen Sommermonate – auf der Terrasse seines Hauses. Auf dieser Terrasse beginnt in der Regel auch der Arbeitstag für

Nossrat Peseschkian (1980)

Nossrat Peseschkian. Jedes Mal, wenn ich bei der Familie Peseschkian zu Besuch war, konnte ich beobachten, wie Nossrat Peseschkian sich auf der Terrasse durch Intervalltraining in Schwung brachte. Da bleibt es dann auch nicht aus, dass Besucher des Hauses in das Training miteinbezogen werden.

Von seinem Buch über das Fasten abgesehen, war das Buch »Schatten auf der Sonnenuhr« sein erstes über Psychotherapie. Später ist dieser Text unter dem Titel »Psychotherapie des Alltagslebens« bekannt geworden. Durch die Übernahme des Buches in das Programm des Fischer Taschenbuch Verlages begann eine neue Ära der Öffentlichkeitswirksamkeit der Positiven Psychotherapie. An dieser Stelle sei auch an unseren gemeinsamen, inzwischen verstorbenen Lektor Willi Köhler erinnert, der stets den Mut und die Phantasie hatte, sich für neue Entwicklungen in der Psychotherapie einzusetzen.

Inzwischen hat Nossrat Peseschkian 16 Bücher und Hunderte von wissenschaftlichen Beiträgen, Artikeln, Interviews usw. veröffentlicht, die weltweit in zahlreichen Übersetzungen Verbreitung gefunden haben. Mit Sicherheit zählt Nossrat Peseschkian heutzutage weltweit zu den bekanntesten Psychotherapeuten. Nichts von dieser Berühmtheit ist ihm dabei jedoch zu Kopf gestiegen. Von keiner Überheblichkeit angekränkelt, ist er immer der schlichte, humorvolle Mitmensch geblieben, der stets um das Wohl seiner Familie, seiner Mitmenschen und der ganzen Menschheit bemüht ist.

Nur den Samen

Ein junger Mann betrat im Traum einen Laden. Hinter der Theke stand ein älterer Mann. Hastig fragte er ihn: »Was verkaufen Sie, mein Herr?« Der Weise antwortete freundlich: »Alles, was Sie wollen.« Der junge Mann begann aufzuzählen: »Dann hätte ich gerne die

Welteinheit und den Weltfrieden, die Abschaffung von Vorurteilen, Beseitigung der Armut, mehr Einheit und Liebe zwischen den Religionen, gleiche Rechte für Mann und Frau und ... und ...« Da fiel ihm der Weise ins Wort: »Entschuldigen Sie, junger Mann, Sie haben mich falsch verstanden. Wir verkaufen keine Früchte, wir verkaufen nur den Samen.«

(aus: *Auf der Suche nach Sinn*)

Weiterbildungen für␣Kolleginnen und Kollegen

»Jeder von uns hat die Möglichkeit
zu begreifen, dass auch er,
sei er noch so bedeutungslos und machtlos,
die Welt verändern kann.
Jeder aber muss bei sich anfangen.
Würde einer auf den anderen warten,
warteten alle vergeblich.«

Václav Havel

Seit 1968 finden unter der Leitung Nossrat Peseschkians Veranstaltungen zu Fragen der Psychohygiene und psychotherapeutischer Selbsterziehung statt. Das Motto dieser »Wiesbadener Dialoge« lautet: »Global denken, lokal handeln.« Die Veranstaltungsorte waren recht unterschiedlich: das Wohnzimmer, das Wartezimmer in der Praxis, die Tagesklinik, die Landesbibliothek, das Hessische Staatsmuseum, das Kurhaus, die Villa Klementine, Hotels, Bürgerhäuser, Volkshochschulen, Aulen von Schulen und Fachhochschulen, die Wiesbadener Akademie für Psychotherapie. Auch wurden Vortragsserien zu Themen wie »Von der Wiege bis zur Bahre, vor der Geburt bis nach dem Tode« oder »Identität« veranstaltet.

Im Juli 1970 erschien der »Psychotherapeutische Informationsbrief Nr. 1« mit dem Titel: »Lerne zu differenzieren zwi-

Nossrat Peseschkian (1989)

schen...« Und PEW wurde organisiert: Psychotherapeutische Selbsterfahrung in Wiesbaden, an der viele Lehrer und Juristen teilnahmen.

Lang ist die Liste der Akademien und sonstigen Einrichtungen, an denen Nossrat Peseschkian sein psychotherapeutisches Wissen zur Diskussion stellte: Akademie am Meer auf Sylt, Landegg Akademie in der Schweiz, Akademie für ärztliche Fort- und Weiterbildung der Landesärztekammer Hessen in Bad Nauheim, Akademie Deutscher Genossenschaften

Teilnehmer eines Weiterbildungsseminars in Wiesbaden (1993);
neben Nossrat Peseschkian: Raymond Battegay

auf Schloss Montabaur, Akademie für Arbeits-, Sozial- und Umweltmedizin in Bad Nauheim mit Veranstaltungen in Meran in Italien – und andere mehr.

Seit 1973 ist Nossrat Peseschkian für Weiterbildungsveranstaltungen in der Akademie für ärztliche Fort- und Weiterbildung der Landesärztekammer Hessen verantwortlich. Die 1976 erstmals veranstaltete »Bad Nauheimer Psychotherapie-Woche« fand im Oktober 2002 zum 26. Mal statt. Sie bildet seit Jahren den jährlichen Höhepunkt einer Fülle von Veranstaltungen zur Qualifizierung von ärztlichen, psychologischen und Kinder- und Jugendlichenpsychotherapeuten.

Führende VertreterInnen maßgeblicher psychotherapeutischer Schulen; Hamburg 1994.

Darüber hinaus trägt Nossrat Peseschkian bis heute durch Vorträge, Seminare und sonstige Veranstaltungen dazu bei, in ganz Deutschland, in Europa und in anderen Kontinenten Psychotherapeuten zu qualifizieren. Da seien genannt der von Nossrat Peseschkian geleitete und von der Landesärztekammer in Hessen weiterbildungsermächtigte »Wiesbadener Weiterbildungskreis für Positive Psychotherapie«, über den traditionell ärztliche Psychotherapeuten ausgebildet wurden und der Ende der 90er Jahre für Hunderte von Psychologischen Psychotherapeuten zu einer Art Rettungsanker wurde, als es darum ging, die Übergangsqualifikationen im Sinne des 1998 in Bundestag und Bundesrat beschlossenen Psychotherapeutengesetzes zu absolvieren. Bundesweit besuchten bis Ende des Jahres 2000 etwa 15 600 Therapeuten und Therapeutinnen diese Veranstaltungen.

Über die »Deutsche Gesellschaft für Positive Psychotherapie« (DGPP) und die »European Federation of the Centers for Positive Psychotherapy« wird seit den 90er Jahren die Qualifizierung von Psychotherapeuten im Sinne des Europäischen Zertifikats für Psychotherapie der »Europäischen Vereinigung für Psychotherapie« organisiert.

Im Anschluss an seine eigene Qualifizierung als Psychotherapeut widmete sich Nossrat Peseschkian der internationalen Ausbildung von Psychotherapeuten. Inzwischen werden sämtliche Aktivitäten über die Wiesbadener Akademie für Psychotherapie vom »International Center for Positive Psychotherapy Headquarter« koordiniert. Nossrat Peseschkian ist auch mit 70 Jahren einer der aktivsten Dozenten. Im Sommer 2002 flog Nossrat Peseschkian beispielsweise mit seiner Frau ins Reich der Mitte, um dort in Schanghai und in Peking über 200 Kandidaten der Psychotherapie zu qualifizieren.

Ein Brückenbauer zwischen Morgen- und Abendland

»Das ist ja eben das Wunderbare, wenn man in die Welt geht:
jede Beeinflussung durch Menschen,
mit denen man zufällig daheim zusammenlebt, hört auf.
Man muss mit seinen eigenen Augen sehen
und selbständig denken.
Wir lernen begreifen, dass es ganz von uns selbst abhängt,
was diese Reise uns gibt
und was wir sehen und zu erfassen vermögen,
in welche Lage wir uns bringen und
unter wessen Einfluss wir uns freiwillig begeben.
Man lernt verstehen, dass es von einem selbst abhängt,
wie viel das Leben uns entgegenbringt.«

Sigrid Undset (*Jenny*)

Der transkulturelle Ansatz durchzieht wie ein roter Faden die gesamte Positive Psychotherapie. So lassen sich oft scheinbar auswegslose Lebenssituationen klären und eine Neuorientierung ist möglich. Diese Sichtweise erhält zunehmend eine gesellschaftliche und politische Bedeutung. Unter transkulturellem Gesichtspunkt lassen sich »Gastarbeiterprobleme«, Projekte der Entwicklungshilfe, Schwierigkeiten im Umgang mit Mitgliedern anderer kultureller Systeme, Probleme aus interkulturellen Ehen, Vorurteile, alternative Lebensformen und Lebensmodelle anderer Kulturkreise und so weiter sinnvoller erfassen und gestalten. Immer wichtiger wird dieser transkulturelle Gesichtspunkt auch für die Klärung politischer, wirtschaftlicher und mentaler Aufgaben und Konfliktfelder, die sich aus der Globalisierung ergeben.

Nossrat Peseschkian konnte bis zum Beginn seines Medizinstudiums die meisten Kulturkreise dieser Welt nur anhand von Büchern studieren. Praktische Erfahrungen konnte er lediglich im Iran, in Deutschland, in der Schweiz, in den USA und in einigen Urlaubsorten machen.

Später, als selbständiger Psychotherapeut und Wissenschaftler, systematisierte er diese Erfahrungen, wobei er sich von der anthropologisch-psychologischen Fragestellung leiten ließ: »Was haben alle Menschen gemeinsam, und wodurch unterscheiden sie sich?«

Grundfähigkeiten

Dem Konzept der Differenzierungsanalyse liegt die Auffassung zugrunde, dass jeder Mensch – unabhängig von seinem jeweiligen Entwicklungsstand – über die beiden Grundfähigkeiten, die *Erkenntnisfähigkeit* und die *Liebesfähigkeit* (Emotionalität), verfügt.

Erkenntnisfähigkeit

Jeder Mensch versucht zu erkennen, warum ein Apfel zu Boden fällt, warum ein Baum wächst, warum die Sonne scheint, warum ein Auto fährt, warum es Krankheiten und Leid gibt. Es interessiert ihn, was er eigentlich ist, woher er gekommen ist, wohin er gehen wird. Solche Fragen zu stellen und Antworten darauf zu suchen bedeutet Erkenntnisfähigkeit.

Erzieherisch baut sie auf Wissensvermittlung auf. Die Erkenntnisfähigkeit gliedert sich in die einander ergänzenden Fähigkeiten zu lernen und die gemachten Erfahrungen weiterzugeben. Aus der Erkenntnisfähigkeit entwickeln sich sekundäre Fähigkeiten wie Ehrlichkeit, Höflichkeit, Sparsamkeit, Pünktlichkeit, Ordnung usw.

Liebesfähigkeit

Die Entwicklung der Erkenntnisfähigkeit korreliert mit dem Erfolg oder Misserfolg, der Befriedigung oder Versagung, die jemand erlebt. Wenn ein Kind in der Schule schlechte Leistungen zeigt, wird ihm bald der Spaß an der Schule vergehen. Es wird versuchen, alle Aufgaben, die mit Misserfolgen zusammenhängen, zu meiden. Umgekehrt kann durch positive Leistungen die ganze Atmosphäre angenehm gefärbt werden. Dies bezieht sich nicht nur auf die Leistungen im engeren Sinne, sondern auch auf die sekundären Fähigkeiten. Die Einstellungen und Reaktionen zu den verschiedenen Bereichen der Erkenntnisfähigkeit gehören in den emotionalen Bereich des Menschen, die Sphäre seines Gefühls, die man als emotionale Beziehung, als Ausdruck der Liebesfähigkeit bezeichnen kann. Dabei sind zwei Komponenten von Bedeutung: Die Fähigkeit, emotionale Zuwendungen zu geben und zu akzeptieren geliebt zu werden. Die Liebesfähigkeit führt in ihrer weiteren Entwicklung zu primären Fähigkeiten wie Liebe, Geduld, Zeit, Kontaktfähigkeit, Vertrauen, Zutrauen, Hoffnung, Glaube, Zweifel, Gewissheit und Einheit.

Träger der sekundären und primären Fähigkeiten sind Religionen, Kulturen, Ahnen, Eltern und kulturelle Instanzen (Schule, Gesellschaft und moralische Institutionen). Die Aktualfähigkeiten hängen somit ab von den geschichtlichen und gesellschaftlichen Bedingungen. Erkenntnis- und Liebesfähigkeit gehören dagegen zum Wesen eines jeden Menschen. Dies bedeutet nichts anderes als: *Der Mensch ist seinem Wesen nach gut.*

Störungen haben mit seinen Grundfähigkeiten nichts zu tun: Es gibt keine »schlechten« Menschen. Wenn wir jemanden nicht ausstehen können, kann dies darauf beruhen, dass er eine andere Hautfarbe hat, einen anderen Gesichtsausdruck und bestimmte körperliche Eigenschaften, die wir nicht akzeptieren wollen. Wenn wir jemanden verabscheuen, uns von ihm distanzieren und uns über ihn ärgern, so kann das darauf beruhen, dass der andere nicht unsere Meinung vertritt, nicht höflich genug ist, unzuverlässig ist und an uns Verhaltensforderungen stellt, die für uns unbequem und ungewohnt sind. Wenn wir einen Menschen nicht mögen, so kann es daran liegen, dass er uns einmal enttäuschte, andere mit ihm schlechte Erfahrungen machten, und wir entziehen ihm unser ganzes Vertrauen. Den Hässlichen jedoch können wir nicht hassen, weil er hässlich ist, den Unhöflichen nicht, weil er unhöflich ist und den Unzuverlässigen nicht wegen seiner Unzuverlässigkeit. Manche, die in unseren Augen hässlich sind, erscheinen in den Augen anderer Menschen schön. Manche, die uns unhöflich erscheinen, haben Höflichkeit einfach noch nicht gelernt. Manche, denen wir das Vertrauen entzogen haben, verdienen unser Vertrauen vielleicht zu einer anderen Zeit.

Das Schönheitsideal hat sich im Laufe der Zeit gewandelt; die Höflichkeitszeremonien, in früheren Zeiten hochstilisiert, gelten heute als unnatürlich und gekünstelt.

Daher ist es bei der Erziehung und in einer Partnerschaft nicht selten nötig zu bekennen: *Ich kann dem Kind, dem Jugendlichen, dem Partner noch nicht helfen,* anstatt zu sagen, *ihm ist nicht zu helfen.*

Auf Reisen

Ab 1970 war Nossrat Peseschkian dann weltweit unterwegs; hierfür wandte er viel Zeit und Energie auf. Bei diesen Vortragsreisen – die ihn bis heute in mehr als 60 Länder führten – sammelte er zahlreiche Eindrücke über die unterschiedlichsten Kulturkreise.

Afrika:
Kenia – Ägypten

Amerika:
Antigua – Alaska – Argentinien – Bahamas – Barbados – Bermuda – Bolivien – Brasilien – Kanada – Mexiko – Panama – Paraguay – Chile – Trinidad und Tobago – Vereinigte Staaten – Uruguay – Venezuela

Asien:
China – Hongkong – Indien – Japan – Indonesien – Iran – Israel – Libanon – Macau – Malaysia – Nepal – Philippinen – Singapur – Tadschikistan – Türkei – Süd-Korea

Australien / Südsee / Südpazifik:
Australien – Fidschi – Hawaii – Neuseeland – Papua-Neuguinea

Europa:
Österreich – Belgien – Weißrussland – Bulgarien – Tschechische Republik – Dänemark – Finnland – Frankreich – Deutschland – Griechenland – Ungarn – Italien – Liechtenstein – Luxemburg – Niederlande – Norwegen – Polen – Portugal – Russland – Spanien – Schweden – Schweiz – Vereinigtes Königreich – Jugoslawien.

Manije und Nossrat Peseschkian in Kenia

Manije und Nossrat Peseschkian in Indien

In Papua-Neuguinea

Die Signale des Todesengels

Ein Mann hatte mit dem Todesengel Freundschaft geschlossen. Eines Tages sagte er zu dem Todesengel: »Du Erfolgreichster aller Zeiten: Wohin du auch gehst, du kommst immer zum Ziel. Ich habe eine Bitte an dich: Sage mir rechtzeitig Bescheid, bevor du mich abholst.« Der Todesengel stimmte zu. Eines Tages kam er zu seinem Freund und sagte: »Morgen werde ich dich abholen.« – »Das kann nicht dein Ernst sein«, sagte der Mann, »du hast mir doch versprochen, mir rechtzeitig Bescheid zu geben.« Da antwortete der Todesengel: »Ich habe dir sehr viele Zeichen gegeben, aber du hast nie meine Signale verstanden: Als dein Vater starb, wusstest du es nicht zu deuten; als deine Mutter starb, hörtest du nicht auf diese Botschaft; als ich deinen Schwager, deinen Nachbarn und deinen Freund nacheinander abholte, hast du die Augen verschlossen... Komm morgen mit mir!« Als der Engel den Freund am nächsten Tag abholte und in den Himmel führte, zeigte er ihm Scharen von verstorbenen Menschen, die laut riefen: »Warum hast du uns nicht rechtzeitig Bescheid gesagt? Wir hätten vorher doch noch so viel erledigen können!« – »Du siehst nun«, sagte der Todesengel, »wie die Menschen mit meinen Signalen umgehen!«

(aus: *Psychosomatik und Positive Psychotherapie*)

Tod des Vaters

»Der Tod hat den Teppich seines Lebens
zusammengerollt und fortgetragen.«

Orientalische Redewendung

Seine letzte Begegnung mit dem Vater hatte 1981 stattgefunden. Der Vater war wegen einer Augenoperation in Wiesbaden gewesen. Eigentlich sollte eine zweite Operation wenige Monate später folgen. Der Vater kehrte in den Iran zurück, um einiges zu erledigen und sich für die zweite Operation vorzubereiten. Doch das Schicksal wollte es anders. Als Baha'i bekam er keine weitere Ausreisegenehmigung von den Behörden. Alle Bemü-

Josef Peseschkian, Nossrat Peseschkians Vater

hungen blieben erfolglos. Für die Familienmitglieder aus Deutschland war es eine Gefahr, nach Persien zu reisen. So sind Jahre vergangen, und der Kontakt war nur per Telefon möglich.

Nossrat Peseschkian erinnert sich an einen langen Flug von den USA nach São Paulo, wohin er zu Vortragsreisen flog. Nach der Ankunft in der brasilianischen Großstadt befand er sich in einem Zustand tiefer Erschöpfung. Trotzdem galt es, hellwach zu bleiben, um sich auf fremdem Terrain zurechtzufinden. Während er sich also zu orientieren versuchte, telefonierte seine Frau Manije, die ihn begleitete, mit den Söhnen in Wiesbaden. Dabei erfuhr sie, dass Josef Peseschkian verstorben ist. In Iguassu am Drei-Länder-Eck (Bolivien – Brasilien – Paraguay) nahmen beide durch Gebete und Meditation vom Vater beziehungsweise Schwiegervater Abschied.

Lebenswerk

Noch ein langes Programm

Ein Kaufmann hatte hundertfünfzig Kamele, die seine Stoffe trugen, und vierzig Knechte und Diener, die ihm gehorchten. An einem Abend lud er einen Freund (Saadi) zu sich. Die ganze Nacht fand er keine Ruhe und sprach fortwährend über seine Sorgen, Nöte und die Hetze seines Berufes. Er erzählte von seinem Reichtum in Turkestan, sprach von seinen Gütern in Indien, zeigte die Grundbriefe seiner Ländereien und seine Juwelen. »O Saadi«, seufzte der Kaufmann: »Ich habe nur noch eine Reise vor. Nach dieser Reise will ich mich endlich zu meiner wohlverdienten Ruhe setzen, die ich so ersehne wie nichts anderes auf dieser Welt. Ich will persischen Schwefel nach China bringen, da ich gehört habe, dass er dort sehr wertvoll sei. Von dort will ich chinesische Vasen nach Rom bringen. Mein Schiff trägt dann römische Stoffe nach Indien, von wo ich indischen Stahl nach Halab bringen will. Von dort will ich Spiegel und Glaswaren in den Jemen exportieren und von dort Samt nach Persien einführen.« Mit einem träumerischen Gesichtsausdruck verkündete er dem ungläubig lauschenden Saadi: »Und danach gehört mein Leben der Ruhe, Besinnung und Meditation, dem höchsten Ziel meiner Gedanken.«

(nach Saadi, in: *Der Kaufmann und der Papagei*)

Grundlagen der Positiven Psychotherapie

Interview mit Nossrat Peseschkian
Kornbichler (K): Herr Peseschkian, wir sind hier in Bad Nauheim, wo Sie seit etwa drei Jahrzehnten Psychotherapiewochen organisieren und Psychotherapeuten ausbilden. Sie sind Facharzt für Neurologie, Psychiatrie und Psychotherapeutische Medizin. Sie sind in eigener Praxis tätig und Begründer der Positiven Psychotherapie. Was sind die Fundamente der Positiven Psychotherapie?
Peseschkian (P): Dieser Ansatz basiert hauptsächlich auf folgenden drei Prinzipien:
– Erstens auf dem Prinzip der Hoffnung auf der Basis eines positiven Menschenbildes.
– Das zweite Prinzip ist der inhaltlich-psychodynamische Ansatz, das so genannte »Balancemodell«.
– Drittes Prinzip ist das fünfstufige Vorgehen in Beratung und Psychotherapie.
Diese drei Prinzipien sind unter transkulturellem Gesichtspunkt miteinander verbunden.
Wir haben eine Kurzzeitpsychotherapie entwickelt, für die mittlerweile auch Wirksamkeitsstudien zur Qualitätssicherung durchgeführt wurden. Wir legen Wert auf eine praktische Vorgehensweise.
K: Wieso nennen Sie Ihre Psychotherapie »Positive Psychotherapie«?
P: In meiner transkulturellen Situation – Orient und Okzident – wurde mir bewusst, dass in orientalischen Kulturen früher ein Arzt erst dann honoriert wurde, wenn der Patient gesund war. Dieser Ansatz hat mich sehr angesprochen. Ich habe ein Modell entwickelt, das die gesunden Anteile des Patienten in den Mittelpunkt stellt, die salutogenetischen Anteile, die Ressourcen. Selbstverständlich wird in diesem

Modell auch auf die Krankheiten, die Pathogenese eingegangen. Beide Aspekte zusammen nennen wir positiv. Positiv leitet sich vom lateinischen Wort ›positum‹ ab. Es bedeutet, das Ganze zu sehen, das Tatsächliche, das Vorgegebene. Wir gehen davon aus, dass jeder Patient neben seinen Problemen, Störungen und Krankheiten eine Fülle von Fähigkeiten, Möglichkeiten und Chancen mitbringt. Dies muss in der Psychotherapie und in der Ganzheitsmedizin besonders berücksichtigt werden.

K: Ich habe heute auch die Rolle des Advocatus diaboli inne und frage Sie deshalb: Was ist denn das Positive an einer Depression?

P: Jedes Krankheitsbild hat, neben Leid, Schmerz, Trauer und Sorgen, auch einen Sinn, eine Funktion, sprich positive Aspekte. Diese nennen wir »progressive Anteile«. Das andere, Krankhafte, nennen wir den »regressiven Anteil«. Das Positive einer Depression ist die Fähigkeit, mit tiefster Emotionalität auf Konflikte zu reagieren. Diese Menschen besitzen große soziale Fähigkeiten, aber sie haben nicht gelernt, sie richtig zu steuern, zu kontrollieren. Deshalb bringen sie sich immer wieder in eine Beziehungsfalle. Oder eine Schlafstörung: Hierin liegt die Fähigkeit, wachsam zu sein; die Fähigkeit, für den nächsten Tag zu planen, wenn alle ruhig schlafen. Das sind zuverlässige und sehr gewissenhafte Menschen.

K: Das bedeutet, dass unsere Störungen gleichzeitig unsere Möglichkeiten sind. Bedeutet eine seelische Störung nicht auch, dass jemand mit seinem seelischen Repertoire nicht mehr weiterkommt, dass es zu eng geworden ist, dass es erweitert werden müsste?

P: Sehr richtig. Wir gehen davon aus, dass Patienten nicht in erster Linie wegen ihrer Beschwerden, Schwierigkeiten und Konflikte zu uns kommen, sondern wegen ihrer Hoffnungslosigkeit. Und dieser Anteil ist in der Therapie bisher wenig berücksichtigt worden. Positiv arbeiten heißt, beide Aspekte zu sehen. Ein Schwimmtrainer hat am Ende der Saison das Ergebnis der Arbeit seiner Mannschaft folgendermaßen zusammengefasst: »Unsere Mannschaft hat zwar nicht gewonnen, aber es ist auch niemand ertrunken.« Durch solche Sprachbilder kann man Patienten den positiven Ansatz nahe bringen.

K: Wie kommen Sie zu so einem positiven, optimistischen Menschenbild? Hat das mit Ihnen persönlich zu tun?

P: Ja. Ich bin im Iran geboren. Dort war ich in einer katholischen Schule und habe viel erlebt. Schon damals wurde mir bewusst, dass sich viele Verhaltensweisen in verschiedenen Kulturen unterscheiden. Das bedeutet, dass das gleiche Konzept unterschiedlich interpretiert und bearbeitet wird. Wenn man zum Beispiel in Deutschland fragt: »Wie geht es Ihnen?«, lautet die Antwort meistens: »Viel Ärger, viel Arbeit.« Fragt man aber in orientalischen Kulturen: »Wie geht es Ihnen?«, lautet die Antwort meistens: »Gott sei Dank, dass wir noch leben, es gibt doch viel Schlimmeres.« Eine wichtige Motivation für den Ansatz der »Positiven Familientherapie« mag gewesen sein, dass ich mich zwischen den Kulturen befinde. Als Perser lebe ich seit 1954 in Europa; ich bemerkte bald, dass viele Verhaltensweisen, Gewohnheiten und Einstellungen in den beiden Kulturkreisen unterschiedlich bewertet werden. Dies betraf Vorurteile, vor allem religiöser Art, die ich ziemlich genau beobachten konnte. Als Baha'i standen wir immer im Spannungsfeld zwischen unseren islamischen, christlichen und jüdischen Mitschülern und Lehrern. Dies regte mich an, über die Beziehungen der Menschen zueinander nachzudenken. Ich erlebte die Familien meiner Mitschüler und lernte ihr Verhalten aus den weltanschaulichen und familiären Konzepten verstehen. Später war ich Zeuge ähnlicher Konfrontationen, als ich während meiner fachärztlichen Ausbildung erlebte, wie gespannt das Verhältnis von Psychiatern, Neurologen und Psychotherapeuten war und mit welcher Vehemenz die psychiatrischen und die psychotherapeutischen Auffassungen aufeinander prallten. Ich beschäftigte mich mit den Inhalten und Hintergründen derartiger Spannungen. Besonders wichtig war für mich die Erfahrung, dass es andere Formen und Organisationen der Familie gibt als die, die ich in meiner Kindheit und Jugend erlebt habe. Die Familie, in der ich aufwuchs, umfasste nicht nur meine Eltern und Geschwister, sondern eine Vielzahl von Verwandten und weiteren Familienangehörigen, mit denen wir uns verbunden fühlten. Ich erlebte hier das Gefühl der Gruppenzugehörigkeit, der gegenseitigen Fürsorge und der Sicherheit, aber auch das Gefühl der Abhängigkeit und Einengung. Die typische, sehr auf ihre Eigenständigkeit bedachte europäische Familie erschien mir als Ergänzung des orientalischen Systems mit allen Vor- und Nachteilen. Die Einrichtung der Familie zeigte sich mir als eine der wichtigsten Schaltstellen dafür, welche Fähigkeiten und Möglichkeiten eines Menschen entwickelt und welche unterdrückt werden. Die Familie nimmt in diesem Sinne Einfluss auf die Partnerwahl, die Berufswahl, die Beziehung zu anderen Menschen und das Verhältnis zur Zukunft. Diese Erfahrungen und Überlegungen führten mich dazu, den Menschen – auch in der Psychotherapie – nicht nur als isoliertes Einzelwesen zu begreifen, sondern seine zwischenmenschlichen Beziehungen und – wie es meiner eigenen Entwicklung entspricht – seine transkulturelle Situation zu berücksichtigen, die ihn erst zu dem machen, was er ist. So entwickelte ich ein Modell, das als Metatheorie verschiedene therapeutische Systeme miteinander integriert. Erstens unter dem transkulturellen Gesichtspunkt: Was haben alle Menschen gemeinsam – und wodurch unterscheiden sie sich? Was haben alle Methoden gemeinsam – und wodurch unterscheiden sie sich usw. Und zweitens unter dem interdisziplinären Gesichtspunkt: wie könnte man besser zusammenarbeiten, um dem Patienten zu helfen?

K: Sehen Sie in den Schulen der Psychotherapie verschiedene Kulturen bei zum Teil unterschiedlichen Weltanschauungen?
P: Sehr richtig.
K: Es ist an der Zeit, diese im Austausch miteinander kennen zu lernen und nicht eine Richtung fundamentalistisch zu behaupten. Ihnen liegt der Dialog der verschiedenen Schulen sehr am Herzen. Die Positive Psychotherapie ist eine Metatheorie, die verschiedenen psychotherapeutischen Schulen Raum bietet. Und andererseits kann man als Vertreter einer anderen Schule auch Ansätze der Positiven Psychotherapie in seine Arbeit integrieren.
P: Seit 1972 bilden wir in Bad Nauheim Ärzte und Psychologen aus verschiedenen Fachrichtungen aus. Dies geschieht im Rahmen der »Akademie für ärztliche Fort- und Weiterbildung der Landesärztekammer in Hessen«. Wir versuchen, von Anfang an folgende Prinzipien mit einzubeziehen: Erstens den transkulturellen Ansatz. Das bedeutet, jede Krankheit wird unter dem transkulturellen Gesichtspunkt gesehen. Zum Beispiel Depressionen in verschiedenen Kulturen, ihre Entstehung und Bearbeitung, der Zusammenhang mit Angst, Schlafstörung, Scheidung usw. Zweitens geht es um die Frage, wie verschiedene Therapeuten miteinander arbeiten können, um im Sinne der Patienten ein praktikables Modell zu entwickeln, das sowohl ökonomisch als auch wirksam ist.
K: Wie geht man im Orient mit Depressionen um?
P: Man hat festgestellt, dass man in Deutschland in erster Linie durch soziale Isolierung und Angst vor der Zukunft depressiv wird. Im Orient hingegen wird man eher durch zu viele Kontakte und Aufgaben depressiv. Das heißt, in einer Kultur besteht zu wenig Kontakt, in der anderen zu viel. Es ist wichtig, eine Balance zu finden. Es geht also um Moderation.
K: Sowohl als auch. Ergänzungsverhältnisse?
P: Genau, dass man voneinander lernt. Ich möchte dies am

Beispiel »Umgang mit dem Tod« verdeutlichen. Der Tod ist universell, aber der Umgang ist jeweils anders. Hier steht in der Zeitung: Bitte von Beileidsbesuchen Abstand zu nehmen.« Das bedeutet: »Wir wollen mit unserem Schicksal alleine fertig werden.« In orientalischen Kulturen kommen acht bis 40 Tage lang alle Freunde, Bekannte und Verwandte zusammen. Nach dem Spruch »Geteiltes Leid ist halbes Leid« wird versucht, den Tod in der Großgruppe aufzuarbeiten.

K: Der Psychotherapeut ist demnach auch ein Kulturwissenschaftler, der die verschiedenen Kulturen zu ergründen hat, um mit seinen Klienten zu verstehen, in welcher Lebenssituation sie sich befinden.

P: Weil Psychotherapie ein Ganzheitsmodell darstellt, sind wir der Auffassung, dass man die Menschen aus verschiedenen Kulturen heraus verstehen muss, also die jeweiligen Lebenszusammenhänge.

K: Nun zu den Konzepten ...

P: Ja, auch unterschiedliche Konzepte. Wenn man dies alles berücksichtigt, kann man mit Patienten aus verschiedenen Kulturkreisen viel besser arbeiten. Das spielt in unserem Zeitalter eine ganz bedeutende Rolle.

K: Sie hatten schon angedeutet, dass Ihre Eltern Mitglieder der Baha'i-Religion waren. Sie gehören auch der Baha'i-Religion an?

P: Ja.

K: Was ist der Kern der Baha'i-Religion?

P: Die Kernaussage der Baha'i-Religion ist für mich erstens, dass der Mensch seinem Wesen nach gut ist. Mit anderen Worten: Jeder Mensch besitzt eine Fülle von Fähigkeiten. Wir bezeichnen diese auch als »Edelsteine«, die aber erst noch geschliffen werden müssen. Das zweite Prinzip besagt, dass der Mensch für seine Entwicklung drei Erziehungsmethoden braucht: die körperliche, die menschliche und die geistige Erziehung. Das dritte ist das Prinzip der Beratung. Das heißt,

dass man Probleme durch Beratung bearbeiten sollte. Diese drei Prinzipien haben mich begleitet.
K: Sie meinen somit, dass jeder Einzelne mit dem Weltgeschehen im Zusammenhang steht?
P: Ja. Daraus folgt, dass es besser ist, sich nicht einfach zurückzuziehen oder aggressiv zu reagieren, sondern zu versuchen, zusammenzuarbeiten.
K: Im Folgenden möchte ich eine orientalische Weisheit vortragen, die Sie öfter zitieren:

> »Willst du das Land in Ordnung bringen,
> musst du erst die Provinzen in Ordnung bringen.
> Willst du die Provinzen in Ordnung bringen,
> musst du die Städte in Ordnung bringen.
> Willst du die Städte in Ordnung bringen,
> musst du erst die Familien in Ordnung bringen.
> Willst du die Familien in Ordnung bringen,
> musst du die eigene Familie in Ordnung bringen.
> Willst du deine eigene Familie in Ordnung bringen,
> musst du dich selbst in Ordnung bringen.«

Hier zeigt sich deutlich dieses Zusammenwirken von individualer Existenz und ganzheitlichem Weltgeschehen.
P: Da haben Sie ein treffendes Zitat ausgesucht. Wir gehen davon aus, dass in jedem Menschen von Anfang an alle diese Lebensbereiche angelegt sind. Daher müssen in der Erziehung und in der Therapie auch all diese Bereiche berücksichtigt werden. In meiner Ausbildung habe ich gelernt, Rücksicht auf Patienten zu nehmen, damit diese nicht überfordert werden. Heute bringe ich Patienten am Ende des Erstinterviews diesen Spruch bei. Ich erkläre ihnen auch, dass ich ihre Familie miteinbeziehen möchte, wenn es ihnen besser geht. Damit sie mit ihrer Familie etwas tun, was sie bis jetzt noch nie getan haben: sich für ihre Gemeinde einsetzen, dann für ihre Stadt und für ihr Land, und dann für die Menschheit. All diese Stufen erarbeiten wir gemeinsam im Rahmen unserer Kurzzeit-

psychotherapie. Dabei mache ich sehr interessante Entdeckungen. Die Leute fühlen sich ungeheuer angesprochen, sie beschäftigen sich mit diesen für sie neuen Bereichen des Lebens, die bisher in Psychotherapien aber noch wenig angesprochen werden. Deshalb behandeln wir in der Positiven Psychotherapie und Psychosomatik in drei Dimensionen. Erstens geht es um die Psychosomatik im engeren Sinne. Das heißt, die Fragen danach, wie es mir geht, wie ich etwas erlebe usw. Als Zweites sprechen wir von der Psychosomatik im weiteren Sinne. Hier wird gefragt, was meine derzeitige Situation mit meiner Familie zu tun hat, mit meinem Beruf oder mit meinen Nachbarn. Die Psychosomatik im umfassenden Sinn beschäftigt sich in einer dritten Dimension mit dem Sinn des Lebens, der Menschheit allgemein, der Weltkrise und mit Fragen wie »Woher komme ich, wohin gehe ich?«.

K: Im Zeitalter der Internationalisierung, der transkulturellen Lebenssituationen und der Globalisierung ist das eine angemessene Denkweise. Wie interpretieren Sie aber Destruktivitätsphänomene, Krieg usw.?

P: Wir nehmen an, dass Destruktivität Aspekte im Menschen darstellt, die noch nicht entwickelt und entfaltet worden sind. Wir glauben, dass jeder Mensch eine Fülle von Fähigkeiten in sich trägt. Diese sind von Anfang an in ihm angelegt, wie in einem Samenkorn. Zunächst ist da die Erkenntnisfähigkeit; sie beinhaltet Fragen wie »Warum fährt das Auto?« – »Warum fällt der Apfel nach unten?« Zum anderen ist da die Liebesfähigkeit, der Beziehungsfähigkeit zu allen Menschen. Es kann sein, dass durch eine einseitige Erziehung bestimmte Bereiche überbetont wurden und andere zu kurz kamen. Diese nicht entwickelten Bereiche führen dann zu Störungen und Konflikten.

K: Ich will das noch konkreter wissen, im Einzelnen und im kollektiven Zusammenhang. Wenn Krieg herrscht und eine mächtige staatliche Organisation eine Minderheit unter-

drückt oder auch ermordet, oder wenn es gar zu Völkermord kommt, habe ich Mühe, das Positive in diesem Geschehen zu sehen. Worin sehen Sie das »Nicht-Entwickelte«?
P: Wir sehen das darin, dass diese Menschen ihre Liebesfähigkeit noch nicht umfassend entwickelt haben. Liebesfähigkeit gliedert sich in vier Teile. Einmal handelt es sich um die Liebe zu mir selbst, dass ich mich wohl fühle. Diese ist, wenn Sie so wollen, narzisstisch besetzt. Den zweiten Teil nennen wir »Du-Beziehung«: Liebe zu meinem Partner, zu meiner Familie. Drittens geht es um die Beziehung zu meinen Mitmenschen, zu meinem Nachbarn, meinen Landsleuten und zu Menschen aus anderen Kulturen. Der vierte Teil beschäftigt sich mit Fragen nach dem »Ur-Wir«, der Schöpfung, mit Fragen wie »Woher komme ich? Wohin gehe ich?« Wenn nun durch einseitige Erziehung und/oder bestimmte Ereignisse einige Fähigkeiten überbetont wurden, so bedeutet dies jedoch nicht, dass die anderen Anteile nicht vorhanden sind. Es bedeutet lediglich, dass sie noch nicht entwickelt und entfaltet wurden. Wir nennen diese Anteile nicht defizitäre Anteile, sondern Entwicklungsmöglichkeiten. Deshalb sprechen wir in der Positiven Psychotherapie nicht von Mangelerlebnissen – eben defizitären Anteilen, sondern von »noch nicht entwickelten Fähigkeiten und Möglichkeiten«.
K: Für mich aus europäischer Sicht ist die Positive Psychotherapie Teil des Aufklärungsgeschehens. In der Aufklärung wird die Idee vertreten, dass der Mensch erziehbar ist und dass er sich selbst zum Besseren erziehen kann. Die Frage nach der Erziehung des Menschengeschlechtes ist gestellt. Würden Sie sich als Aufklärer bezeichnen?
P: Ich würde sagen, das Wort »positiv« bedeutet, dass diese Form der Psychotherapie nicht nur auf Krankenbehandlung zentriert ist, sondern für gesunde Menschen ebenso gedacht ist. Schließlich wird jeder Mensch – jeder von uns – im Alltagsleben mit Problemen und Schwierigkeiten konfrontiert.

Durch die drei Prinzipien (Prinzip der Hoffnung = positiver Ansatz, Prinzip der Balance und Prinzip der Beratung) lernt der Mensch, wie er Probleme aufarbeiten und konstruktiv mit ihnen umgehen kann. Frei nach dem orientalischen Spruch: »Wenn man etwas haben will, was man noch nie gehabt hat, so muss man etwas tun, was man noch nie getan hat.«

K: Nach dem positiven Ansatz wollen wir uns jetzt mit dem zweiten Prinzip beschäftigen, dem inhaltlichen Ansatz. Was heißt »inhaltlicher Ansatz« in der Positiven Psychotherapie?

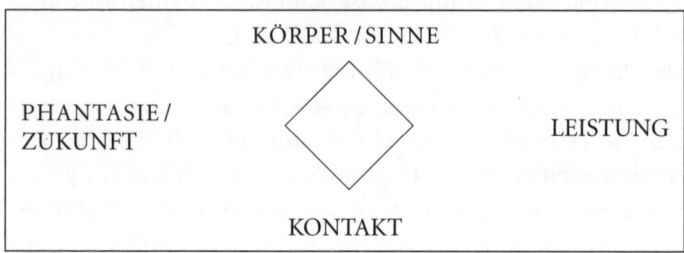

Die vier Qualitäten des Lebens

P: Aus den zwei Grundfähigkeiten – Erkenntnis- und Liebesfähigkeit – entwickeln sich vier Qualitäten des Lebens. Uns hat die Frage beschäftigt, wann man sagen kann, dass jemand gesund ist. Ich habe als Psychiater, Neurologe und Internist gelernt zu erkennen, wann jemand krank ist. Aber unsere Frage war, wann ist jemand gesund. Wir haben festgestellt, dass folgende vier Qualitäten des Lebens das Charakteristikum für die Entwicklung eines Menschen darstellen. Als erste Qualität ist die Einstellung zum Körper zu nennen. Dazu gehören das Ichgefühl, der Schlaf-Wach-Rhythmus, das Essverhalten sowie Ästhetik und Athletik; außerdem die Einstellung zu Krankheit und Gesundheit. Die zweite Qualität des Lebens bezieht sich auf die Einstellung zu Leistung, Aktivitäten und Beruf. Dann wird die Beziehung zu unseren Mitmenschen betrachtet (Kontakt), was wir allgemein als Kommunikationsfähigkeit bezeichnen können. Schließlich beschäftigen wir uns mit Erwartungen bezüglich der nahen und fernen Zukunft, dem Bereich der Phantasien usw. Die vier Qualitäten des Lebens sind also:

1. der Bezug zur eigenen Körperlichkeit;
2. der Bezug zur Leistung, zu Arbeit und Aktivitäten;
3. der Bezug auf soziale Kontakte;
4. die Beziehung zur nahen und fernen Zukunft – zu Intuition, Phantasie, Planung der Zukunft und Sinnfragen. Es geht hierbei um Fragen wie: »Was bedeutet das Leben?« – »Was kommt auf mich zu, wenn ich pensioniert bin, wenn ich krank werde oder sterbe?« usw.

Wir gehen davon aus, dass uns nicht nur große Probleme aus der Fassung bringen, sondern dass es eher die so genannten Kleinigkeiten aus diesen vier Bereichen sind, die sich massiv auf unser Wohlbefinden auswirken. Wir bezeichnen diese Erlebnisse als Mikrotraumen. Eine Scheidung zum Beispiel kann ein Makrotrauma verursachen. Im Zusammenhang mit der Scheidung können sich zunächst viele Mikrotraumen entwickeln. Zu nennen wären zum Beispiel finanzielle Probleme, Alleinsein, Kontaktarmut, berufliche Probleme, gesundheitliche Probleme usw. In der Summe wirken diese sogar noch massiver als Makrotraumen. Das besagt auch folgender Spruch »Steter Tropfen höhlt den Stein«. Wir versuchen, Mikrotraumen in diesen vier Bereichen zu erkennen.

Sekundäre Fähigkeiten	Primäre Fähigkeiten
Pünktlichkeit	Liebe / Emotionalität
Sauberkeit	Vorbild
Ordnung	Geduld

Sekundäre Fähigkeiten	Primäre Fähigkeiten
Gehorsam	Zeit
Höflichkeit	Kontakt
Ehrlichkeit / Offenheit	Sexualität
Treue	Vertrauen
Gerechtigkeit	Zutrauen
Fleiß / Leistung	Hoffnung
Sparsamkeit	Glaube / Religion
Zuverlässigkeit	Zweifel
Genauigkeit	Gewissheit
Gewissenhaftigkeit	Einheit

Das Differenzierungsanalytische Inventar (DAI)

K: Im »Differenzierungsanalytischen Inventar« haben Sie mögliche Inhalte von Mikrotraumatisierungen weiter ausgefächert.
P: Wir stellen fest, dass in verschiedenen Kulturen unterschiedliche psychosoziale Normen relevant sind. Wir beobachteten, dass im Abendland – nicht zuletzt in Deutschland – bestimmte Normen wichtig sind, die wir »sekundäre Fähigkeiten« nennen. Dazu zählen u. a. Sauberkeit, Pünktlichkeit, Ordnung, Sparsamkeit, Zuverlässigkeit, Arbeitsamkeit, Gewissenhaftigkeit. In orientalischen Kulturen hingegen sind vor allem die so genannten »primären Fähigkeiten« von Bedeutung. Dies sind zum Beispiel Geduld, Zeit, Vertrauen, Hoffnung, Kontakt usw. Wir gehen davon aus, dass diese psychosozialen Normen im Alltagsleben stets eine entscheidende Rolle spielen. Wichtig ist, diese beiden Aspekte in eine Ba-

lance zu bringen. In Deutschland hält man sehr viel von Ordnung, aber lädt wenig Gäste ein. Im Orient lädt man sehr viele Gäste ein, hält aber wenig von Ordnung. Dieses Ungleichgewicht bringt in beiden Kulturen Probleme. Sinnvoll ist, primäre und sekundäre Fähigkeiten miteinander zu verbinden. Die unterschiedlichen Normen spiegeln sich auch in den vorhin erwähnten vier Qualitäten des Lebens wider. In der ersten Dimension, »Beziehung zum Körper«, spielen zum Beispiel in Bezug auf das Essverhalten Pünktlichkeit und Sauberkeit eine wichtige Rolle: Das Essen muss pünktlich auf dem Tisch stehen, man muss sich vorher die Hände waschen usw. Oder füllen wir die zweite Dimension, »Arbeit«, mit Leben: Die Arbeit muss ordentlich sein, man muss zuverlässig arbeiten usw. In Bezug auf Kontakt und Kommunikation sind Höflichkeit, Ehrlichkeit und Sparsamkeit von großer Bedeutung. Bei Fragen nach der Zukunft spielen u. a. Glaube, Hoffnung, Ehrlichkeit, Offenheit und Gerechtigkeit eine wichtige Rolle. Diese Normen werden in der Psychotherapie eruiert und transparent gemacht.

K: Sie gehen davon aus, dass jeder Mensch im Grunde liebes- und erkenntnisfähig ist. Inhaltlich differenzieren sich diese Grundgegebenheiten in die verschiedenen Aktualfähigkeiten wie Geduld und Vertrauen oder Sauberkeit und Ordnung aus?

P: Ja. In der Sprache der modernen Psychologie kann man diese Aktualfähigkeiten auch als kognitive Fähigkeiten beziehungsweise als emotionale Fähigkeiten bezeichnen. Durch die einseitige Akzentuierung dieser Aktualfähigkeiten können Konfliktpotenziale entstehen.

K: Lebenskonzepte bilden sich entsprechend der Akzentuierung von Aktualfähigkeiten in der Herkunftsfamilie aus. In der einen Familie geht es mehr um Sparsamkeit oder um Ordnung, in der anderen geht es mehr um Liebe und Gemeinschaftsbildung.

P: So kann zum Beispiel in einer Familie, in der man auf Ehrlichkeit Wert legt, das Motto lauten »Wer einmal lügt, dem glaubt man nicht«. Da ist zum Beispiel eine Patientin, die erzählt, dass in ihrer Familie Ehrlichkeit das »A und O« war. Diese Frau hat heute viele Probleme mit ihrem Ehemann. Oder bei einem anderen Patienten galt der Spruch »Ordnung ist das halbe Leben«. Da seine Frau weniger ordentlich war, gab es in diesem Punkt ...

K: ... Konflikte, Mikrotraumen. Jeden Tag dieselbe Unpünktlichkeit der Frau, über die sich der Mann täglich ärgert.

P: Oder wenn eine Patientin Ängste hat, um ein weiteres Beispiel zu nennen, dann fragen wir danach, wann diese Ängste auftreten. Eine Patientin antwortete, dass sie immer Ängste verspüre, wenn ihr Mann zu spät nach Hause komme. Wir würden in der Psychotherapie zunächst versuchen, die Ängste inhaltlich auf »Pünktlichkeit« und »Zeit« zu fokussieren und dann im Rahmen einer Familientherapie mit beiden diese zwei Punkte zu bearbeiten – und durch diese Reduktion ist es möglich, eine Kurzzeitpsychotherapie durchzuführen.

K: Partielle Regression heißt, dass sie die Aktualkonflikte mit der Lebensgeschichte einer Person in Verbindung setzen. Sie erkunden, woher die persönlichen Haltungen kommen, und wie diese im Konflikt stehen mit denen, die der Partner mitbringt.

P: Aktualkonflikt und Grundkonflikt: Im Grundkonflikt geht es darum, welche Erfahrungen ein Mensch gesammelt hat – in Bezug auf Kultur, Religion, Umgang der Eltern miteinander, seine persönliche Beziehung zu den Eltern usw. Außerdem fragen wir, warum der Betroffene nicht zu einem Standortwechsel kommen kann, um so neue Lösungen zu finden.

K: Wenn jemand keine neue Lösung finden kann, dann zeigt er eine seelische Störung, dann zeigt er Symptombildung ...

P: ... Widerstände, Abwehr. Und wir versuchen durch Gegenkonzepte ein Gegengewicht zu bilden, um so auf andere

Sichtweisen hinzuweisen. Dies erreichen wir zum Beispiel durch Geschichten, Anekdoten und Aphorismen. Bei einem Mann, dem Ordnung sehr wichtig war, haben wir das Gegenkonzept gebracht: »Ordnung ist die Lust der Vernunft, Unordnung ist die Wonne der Phantasie.« Er konnte mit diesem Spruch sehr gut arbeiten, seine Gedanken dazu aufschreiben und zeichnen. Es war ihm dadurch auch möglich, seine Frau anders wahrzunehmen. Er betrachtete sie nun als zweite Hälfte von sich. Durch die veränderte Wahrnehmungsfähigkeit konnte er sowohl eine neue Denkweise als auch positivere Gefühle entwickeln.

K: Sie erweitern also das Lebenskonzept des Betreffenden. Eine seelische Störung kann sich ja in jeder der vier Qualitäten des Lebens zeigen. Der eine neigt zu somatischen Symptomen, Körpersymptomen. Der andere reagiert mit Rückzug oder ...

P: ... affektiven Störungen. Ein dritter empfindet im beruflichen Bereich mehr Stress, leistet viel usw. Wieder ein anderer zeigt eher in der vierten Dimension Symptome, leidet beispielsweise unter Hoffnungslosigkeit, Angst, Panikattacken oder Wahnideen.

K: Oder er flüchtet sich in die Phantasie, man kann ihn kaum mehr erreichen.

P: So kann man durch diese vier Bereiche alle Möglichkeiten der Symptombildung erfassen: Im ersten Bereich kommt es zu psychosomatischen, vegetativen Störungen. Im zweiten Bereich können Denkstörungen auftreten, durch zu viel oder zu wenig Arbeit kann es zu Stressreaktionen kommen. Im dritten Bereich wird es sich um affektive, emotionale Kontaktstörungen handeln. Und wenn sich die Störung auf den vierten Bereich bezieht, können Symptome auftreten, die mit Angst, Ratlosigkeit, Hoffnungslosigkeit und mangelnden Alternativen zu tun haben. So kann man die gesamte Neurosenlehre auf diese vier Bereiche projizieren und mit dem Patienten bearbeiten.

K: Wir haben bisher über den positiven Ansatz gesprochen, das positive Menschenbild, und den inhaltlichen Ansatz. Wir haben gehört, dass Sie sehr konkret auf das inhaltliche Geschehen eingehen und dann in partieller Regression die lebensgeschichtlichen Zusammenhänge klären.
P: Konzepte sind dabei sehr wichtig.
K: Sie klären und erweitern bestehende Konzepte und versuchen neue zu finden.
P: Wir erforschen auch, wie sich Konzepte über Generationen hinweg entwickeln. Die bereits erwähnte Patientin hatte einen Großvater, der den Spruch »Wer einmal lügt, dem glaubt man nicht« benutzte. Und obwohl sie ihren Großvater nie gesehen hatte, wurde dieses Motto im Sinne eines Stammbaumkonzeptes auch auf sie übertragen. Sie übernahm dieses Konzept, was später zu psychosozialen Konflikten führte.
K: Die Kunst Ihrer Psychotherapie besteht u. a. darin, dass Sie viele Geschichten erzählen. Das hat Sie ja auch mit Ihrem Buch »Der Kaufmann und der Papagei« berühmt gemacht. Auch in Ihren anderen Büchern kann man zahlreiche Geschichten nachlesen. Sie bringen über Geschichten neue Konzepte hinein. Die Geschichten haben die Funktion, den Blickwinkel zu erweitern und ...
P: ... das Tor zur Phantasie zu öffnen. Eine orientalische Lebensweisheit besagt: »Lebensweisheiten und Geschichten sind für die Seele, was Gesundheit für den Körper ist.« Das heißt, auch unsere Seele und unsere geistigen Fähigkeiten brauchen Nahrung. Die Anwendung von Geschichten, Metaphern, Lebensweisheiten und Anekdoten soll Menschen nicht nur zum Lachen bringen, sondern auch zum Standortwechsel anregen.
K: Also nicht nur Kinder brauchen Märchen, sondern auch Erwachsene benötigen Märchen und Geschichten, um im Leben besser bestehen zu können – »Futter« für die Seele sozusagen.
P: Das, was Sie eben angesprochen haben, ist sehr wichtig.

Gerade bei psychosomatischen Patienten, bei denen diese Bereiche wenig angesprochen sind, sind Lebensweisheiten sehr wichtig, da sie das Tor zur Phantasie öffnen können. Ein Geschäftsmann zum Beispiel, der stark überfordert war, litt unter Stress, vegetativen Störungen und Depressionen. Es stellte sich heraus, dass er ständig überarbeitet war, zudem eine Menge Schulden hatte, aber auch viele Immobilien besaß. Zu ihm habe ich gesagt: »Was Sie gesagt haben, hat bei mir das folgende Bild entwickelt: ›Man ist reich, wenn es reicht.‹ Und ›Geld ist wie ein Metall, das sowohl gut leitet als auch gut isoliert‹. Welche Gedanken kommen Ihnen da, wie verstehen Sie diese Sprüche?« Der Patient erzählte mir, er habe diese zwei Spruchweisheiten als Leitlinie, als Mediatoren nutzen können und sei selbst immer wieder darauf zurückgekommen. Er berichtete, dass sie ihn immer begleitet hätten und er neue Ziele, die ihm wichtig geworden waren, realisieren konnte.

K: Geschichten und Sprüche ermöglichen also die Deutung eines Lebenskonzeptes, ohne dass Sie einer Person etwas aufnötigen. Vielmehr geben Sie ihr etwas zum Nachdenken.

P: Ja. Wir wollen nicht das Konzept des Patienten in Frage stellen, um es abzubauen, sondern durch Gegenkonzepte erweitern. Es ist wichtig, dass wir nicht frontal vorgehen und dadurch zusätzliche Widerstände aufbauen. Durch Lebensweisheiten und Geschichten ist eine Kurzzeitpsychotherapie möglich; auch deswegen, weil der Patient ohne den Therapeuten zu Hause weiterarbeiten kann.

K: Kurzzeittherapie ist auch wesentlich abhängig von Ihrem fünfstufigen Beratungsmodell. Lassen Sie uns nun nach dem positiven Ansatz und dem inhaltlichen Ansatz den fünfstufigen Aufbau des psychotherapeutischen Geschehens betrachten.

P: Nach dem Erstinterview zeigen wir dem Patienten, wie die fünf Stufen des Erstinterviews gelaufen sind. Dann erklären wir ihm, dass wir ihn durch diese fünf Stufen sowohl zu seinem eigenen Therapeuten als auch zum Therapeuten seiner Umwelt machen. Und ich begleite ihn. Langsam lernt der Patient, etwa nach fünf Sitzungen, diese Therapeutenrolle zu übernehmen. Danach versuchen wir, auf diese Art mit ihm und mit seinen Bezugspersonen zu arbeiten.

Die 5-stufige Strategie positiver Menschenführung:
1. Stufe der Beobachtung/Distanzierung
2. Stufe der Inventarisierung
3. Stufe der situativen Ermutigung
4. Stufe der Verbalisierung
5. Stufe der Zielerweiterung

K: Die erste Stufe ist die Stufe der Beobachtung. Was bedeutet das im therapeutischen Geschehen?
P: Das Ziel der ersten Stufe ist, den Patienten in seiner Gesamtheit wahrzunehmen. Ein orientalischer Spruch besagt »Wissen ist Macht, Sehen ist Allmacht«. »Sehen« bedeutet, dass man nicht nur die kranken Anteile sieht, die so genannten »defizitären Anteile«, sondern auch die »salutogenetischen Anteile«, die vorhandenen Ressourcen, Fähigkeiten und Möglichkeiten. Das bedeutet, dass die Wahrnehmungsfähigkeit geschult wird. Beim Erstinterview beobachte ich den Patienten, beschäftige mich intensiv mit seinen Beschwerden. Und langsam helfe ich ihm, Abstand von seinem Symptom zu gewinnen. Dies kann ich auf drei verschiedenen Wegen erreichen. Erstens durch positive (Um-)Deutung. Dadurch wird die andere Seite der Medaille gezeigt. So kann eine Schlafstörung zum Beispiel dahingehend umgedeutet werden, dass es sich bei dieser Person um einen sehr wachsamen Menschen handelt, der aufmerksam und gewissenhaft ist. Zweitens können wir diese Bereiche auch durch passende Sprachbilder und Geschichten ansprechen. Dadurch kann man Themen wie Schlaf, Magenbeschwerden, Asthma oder Rheuma durchsich-

tiger machen. Ein orientalischer Spruch besagt zum Beispiel: »Wer seine Träume verwirklichen will, muss immer wach sein.« Ich frage dann immer: »Und was meinen Sie? Welche Bilder kommen Ihnen in den Sinn?« Innerhalb von sechs Wochen entwickelt der Patient ein bildhaftes Denken. Die Stufe der Beobachtung gliedert sich in drei Unterstufen
– positive Deutung,
– Sprachbilder,
– transkultureller Ansatz.
Hier versuchen wir, den Patienten darauf hinzuweisen, wie man in verschiedenen Kulturen zum Beispiel mit dem Schlaf-Wach-Rhythmus oder mit Schlafstörungen umgeht.
K: Sie beobachten, beschreiben und lassen sich alles berichten, bringen aber auch andere Sichtweisen hinein.
P: Damit der Patient ein bisschen Distanz gewinnt. Und dann komme ich nochmals auf seine Ausgangssituation zurück. Er kann diese nun viel besser wahrnehmen. »Man kann auf seinem Standpunkt stehen, aber man sollte nicht darauf sitzen.«
K: Die zweite Stufe nennen Sie Inventarisierung?
P: Ja. In einem zweiten Schritt fragen wir nach den psychosozialen Anteilen in den vier Bereichen: Beziehung zu Körper; zu Leistung und Aktivitäten; zu Kontakt, Familie und Mitmenschen; zu naher und ferner Zukunft. Wir beziehen Körper, Seele und Geist mit ein. So fragen wir den Patienten zum Beispiel: »Was ist in den letzten fünf Jahren auf Sie und Ihre Familie zugekommen? Bitte nennen Sie 10 Punkte. Berücksichtigen Sie bitte gesundheitliche, berufliche, partnerschaftliche und mikrotraumatische Aspekte. Kam es zum Beispiel zu Trennungen oder zu einer Scheidung? Oder gab es Todesfälle?« Wir versuchen die psychosozialen Anteile zu inventarisieren und dem Patienten zu zeigen, wie diese nach dem Spruch »Steter Tropfen höhlt den Stein« mikrotraumatisch wirksam wurden. Außerdem machen wir dem Patienten deutlich, wie er während der Ausbildung seines Grundkon-

fliktes in der Frühgenese überhaupt gelernt hat, mit Problemen umzugehen.

K: Aktualkonflikte entstehen also durch Mikrotraumatisierung. Nun wird erkundet, wie ein Patient aufgrund seiner Lebensgeschichte grundkonflikthaft auf diese Aktualkonflikte reagiert?

P: Sehr richtig, ja. Auf diese Art kommt es beim Patienten zu einem Aha-Erlebnis. Plötzlich sieht er: »Derart viele Mikrotraumen sind auf mich zugekommen.« Er hatte ja mindestens zehn Punkte genannt. Nach und nach nähern wir uns der dritten Stufe, der situativen Ermutigung. Wir fragen den Patienten: »Welche Punkte haben Sie bearbeitet?« Und: »Wie haben Sie das gemacht?« Dieses Vorgehen ist ressourcenorientiert. Hier spielen dann wieder die vier Lebensbereiche der Liebesfähigkeit (Vorbilddimensionen) eine wichtige Rolle. Sie zeigen, wie ein Patient mit seiner Energie umgegangen ist. Antwortet ein Patient zum Beispiel: »Oh, nachdem mein Vater gestorben war, habe ich viel gearbeitet; ich habe mich damit gar nicht auseinander gesetzt«, so ist damit die Leistung als Modus der Konfliktverarbeitung angesprochen.

K: Situative Ermutigung heißt, dass Sie anerkennen, dass der Patient leistungsfähig ist, und dass er arbeiten kann?

P: Oder dass er somatisiert hat. Häufig versuchen Patienten auch, durch Krankheit oder durch Depressionen Probleme zu bearbeiten.

K: Depressionen können durch starke Emotionen entstehen?

P: Durch zu starke Emotionen. Wir versuchen in der dritten Stufe zu zeigen, dass eine Krankheit die Chance in sich birgt, eigenen Konflikt zu erkennen und zu bearbeiten. Wir weisen darauf hin, dass Probleme nicht nur durch Leistung, Krankheit oder Sport bearbeitet werden können, sondern alle vier Bereiche zur Verfügung stehen.

K: Es geht also wieder darum, das Konzept der Reaktionsmöglichkeiten zu erweitern.

P: In der vierten Stufe bestimmt der Patient selbst, welche Punkte noch offen sind, und welche drei bis vier Punkte er in den nächsten sechs bis acht Wochen mit dem Therapeuten bearbeiten will. Somit fangen wir präsuizidale Probleme auf.
K: Das ist also die Verbalisierung.
P: Ja. Der eine möchte zum Beispiel seine Angst abbauen, ein anderer möchte seine beruflichen Probleme bearbeiten, ein Dritter möchte seine Ehesituation analysieren oder den Tod des Vaters überwinden. Der Patient bestimmt, was als Erstes, Zweites, Drittes und Viertes bearbeitet wird. Auf der fünften Stufe, der Zielerweiterung, versuchen wir, die Zukunftsperspektive des Patienten mit einzubeziehen. Wir stellen Fragen wie: »Was wollen Sie machen, wenn Sie diese Punkte, diese Beschwerden bearbeitet haben? Was machen Sie, wenn Sie keine Probleme mehr haben? Welche Ziele haben Sie für die nächsten drei bis fünf Jahre? Was haben Sie in Bezug auf Ihre Gesundheit, Ihren Beruf und Ihre Partnerschaft geplant? Wie sieht die Zukunft für Sie, für Ihr Land, für die Menschheit und den Weltfrieden aus? Wie gehen Sie mit Sinnfragen um?« So versuchen wir, die Tragfähigkeit der Konzepte des Patienten in Bezug auf diese Bereiche herauszufinden.
K: Da kommt wieder die Vorstellung ins Spiel, dass der Einzelne im Zusammenhang mit seiner Familie, seinem Land und der ganzen Welt zu sehen ist.
P: Nachdem wir im Erstinterview alle fünf Stufen durchlaufen haben, bekommt der Patient die Aufgabe, bis zur nächsten Sitzung über jede Stufe zwei Seiten zu schreiben. D. h., er soll in Bezug auf Stufe 1 beschreiben, wo er bisher bereits in Behandlung war, wie sich seine Beschwerden äußern; er soll drei Symptome nennen, und was er bis jetzt gemacht hat. Dann soll er in Bezug auf Stufe 2 über jedes Ereignis, das in den letzten drei bis fünf Jahren auf ihn zugekommen ist, eine halbe bis eine Seite schreiben. So kann der Patient in die zweite Sitzung bereits 10–12 Seiten mitbringen. Auf diese Art »aktivie-

ren« wir den Patienten. Außerdem geben wir, was frühere Patienten geschrieben haben, natürlich anonymisiert, an neue Patienten weiter, damit diese am Modell selbst schreiben lernen können.

K: Die fünf Stufen spielen bereits im Erstinterview eine große Rolle. Das Erstinterview dauert vielleicht ein, zwei, drei Sitzungen, je nach Geschicklichkeit des Therapeuten.

P: Die Dauer des Erstinterviews wird von mehreren Faktoren beeinflusst. Zum Beispiel von der Ausbildung des Therapeuten, seinen Erfahrungen, auch dem Abrechnungssystem. Ich mache alle fünf Stufen in einer Sitzung; andere Kollegen benötigen drei Sitzungen. D. h., die erste Stufe wird in einer Sitzung behandelt, die zweite Stufe in einer weiteren Sitzung und die dritte, vierte und fünfte Stufe in einer dritten Sitzung. Auf jeder Stufe werden dem Patienten passende Geschichten und Lebensweisheiten erzählt.

K: Das Ganze der Therapie ist also schon in der ersten Sitzung präsent.

P: Auf der ersten Stufe – der Beobachtung – stellt der Patient eine Verbindung zwischen sich und seinem Symptom bzw. seiner Umwelt her. Er lernt, eine positive Beziehung zu seinen Beschwerden zu entwickeln und mit ihnen »ins Gespräch zu kommen«. Somit nimmt er nicht nur die negativen Seiten seiner Probleme wahr, sondern auch die positiven Signale. Schließlich will ihm zum Beispiel seine Angst ja auch etwas mitteilen. Wir hatten kürzlich einen Patienten mit Tinnitus, der mit seinen Ohren zu sprechen gelernt hat. Oder ein anderer Patient begann, die positiven Seiten seiner generalisierten Ängste wahrzunehmen.

K: Sie organisieren ein Gespräch des Klienten mit seinem Symptom. Sie sagen, Symptome sind unverstandene, unbewusste Botschaften.

P: Konzepte spielen dabei eine ganz große Rolle. Nach und nach können wir dem Patienten diese Anteile aufzeigen. Eine

Patientin, die insgesamt fast drei Dutzend Kuren hinter sich hatte, kämpfte mit Übergewicht und Diätmaßnahmen. Sie hatte oft große Probleme in ihrer Ehe, sodass es fast zur Scheidung gekommen wäre. Diese Frau hat gelernt, mit ihrem dicken Bauch im Sinne des Organ-Training-Programms eine Beziehung aufzunehmen: Die Klientin schrieb: »Mein lieber Bauch, es hat mich viel Mühe, Zeit und Geld gekostet, dich zu füttern. Aber es hat auch Spaß gemacht. Jetzt ist die Zeit gekommen, dass wir uns voneinander trennen. Als ich schwanger war, hast du meine Kinder beschützt, aber jetzt sind meine Arme das Nest für meine Kinder. Gehe jetzt bitte und geh in Frieden, lebe wohl. In der ersten Woche verspürte ich eine unbändige Wut. Wut auf mich, auf meinen Mann, und auch auf die Kinder. Ich wusste auf einmal, mit welch einer Wut mein Mann seit Jahren lebt und konnte sein Verhalten teilweise verstehen. In der zweiten Woche war ich sehr traurig. Es war eine Trauer über den großen Verlust, den ich aber nicht genau definieren konnte. Am Ende der zweiten Woche hatte ich auf einmal während eines Gesprächs mit meinem Bauch das Gefühl, dass dieser Bauch gar nicht zu mir gehört, sondern dass ich unter diesem Bauch viel dünner bin. Also, dass meine persönliche und körperliche Grenze tief unter diesem Bauch liegt, wie unter einem schützenden Panzer. Ich ergänzte meine Gespräche folgendermaßen: ›Ich danke dir, dass du mich all die Jahre beschützt hast. Aber jetzt bin ich stark genug, um mich selbst zu schützen. Ich weiß, dass nur ich mich schützen kann, weil ich selbständig bin.‹ Direkt im Anschluss an dieses Zwiegespräch war mir auf einmal völlig klar, dass ich meinen Mann all die Jahre nicht richtig verstanden habe. Ich wollte, dass er mich so liebt, wie ich bin. Also auch mit Bauch. Und ich habe nicht begriffen, dass er diesen Bauch wirklich nicht ertragen konnte. Er hat es mir von Anfang an gesagt, wie empfindlich er darauf reagiert. Es ging niemals um die Frage, ob er mich liebt oder nicht, sondern um Vertrauen. Er hat auf mein Wort vertraut, und ich habe es nicht gehalten. Es ist jetzt einfach höchste Zeit, mein Wort zu halten. Ich werde also nicht mehr Diät halten und leiden und mich ungeliebt fühlen. Nein, ich sage mir: Ich habe das verbockt, und ich bügele das aus. Ich mach's, ich mach das jetzt einfach! Danach habe ich mich sehr glücklich und erleichtert gefühlt. Wenn man sich eine Reihe deutscher Märchen anschaut, so beginnen sie damit, dass jemand etwas verspricht und das Versprechen nicht einhält. Das löst bei dem anderen, der auf das Versprechen vertraut hat, eine Katastrophe aus. Diese Katastrophe und das Wissen um die Schuld daran bewirken die Umkehr und das Einlösen des Versprechens, das nun ungleich schwerer geworden ist. In *Hans mein Igel* zum Beispiel muss die Prinzessin drei Paar eiserne Schuhe durchlaufen, bis sie Hans den Igel wieder finden und endgültig erlösen kann. Weil sie am Anfang ihr Versprechen nicht gehalten und ihrer Mutter erzählt hat, dass unter der Igelhaut ein Mensch steckt. Ich hoffe, dass ich nicht drei Paar eiserne Schuhe durchlaufen muss, um meinen Mann wieder zu finden. Aber wenn es sein muss, dann nur her mit den Schuhen!« Das war nach dem Erstinterview. Ich habe dann mit der Patientin so gearbeitet, dass sie gelernt hat, ihr Übergewicht gleichzeitig als ein Signal wahrzunehmen, ihren Bauch anzunehmen, Gespräche zu führen und alles aufzuschreiben. Auf einmal hatte sie emotional eine völlig andere Beziehung dazu. Und dann sind wir zur zweiten Stufe, der Inventarisierung, gekommen. Ich fragte, wie sich das Übergewicht auf die Aspekte Körper, Ichgefühl, Leistung, Kontaktverhalten und Zukunftsperspektive auswirkt. Es war sehr interessant, was die Patientin im Laufe ihrer Behandlung aufgeschrieben hat; insgesamt waren es etwa 60 Seiten.

K: Nun interessiert die Leser sicherlich, ob die Frau auf Dauer auch wirklich abgenommen hat.

P: Jawohl. Wir haben das Balancemodell miteinander bearbeitet. Zunächst haben wir ihre Konzepte eruiert und geschaut, welche Lebenskonzepte vorhanden waren. Und in der dritten Stufe (situative Ermutigung) lernte sie, die Kritik des Ehemannes nicht nur negativ zu sehen. Außerdem versuchte ich, ihr klar zu machen, dass sie aufgrund der Überbetonung ihres Gerechtigkeitssinnes dazu neigte, affektiv sehr stark zu reagieren. Etwa drei Wochen lang haben wir geübt, das Positive wahrzunehmen. Und in der fünften Stufe haben wir auch den Ehemann mit einbezogen.

K: War denn auch ein Thema, dass der Ehemann »den Bauch« seiner Frau etwas positiver wahrzunehmen lernte?

P: Ja. Aber schon auf der dritten Stufe hatten wir sehr viel erreicht. Die Patientin reagierte nicht mehr so stark affektiv, wurde nicht mehr so leicht ungeduldig und lehnte auch den Ehemann nicht mehr ab. Das war eine ungeheure Erleichterung für sie. In dieser Phase hatte die Patientin bereits sehr viel abgenommen. Während wir die erste bis vierte Stufe bearbeiteten, bildete sie mit ihrem Mann zweimal in der Woche eine Patientengruppe. Dort wurde gemeinsam über die einzelnen Probleme, Wünsche und Ziele gesprochen. Das Ergebnis hat sie uns mitgeteilt. Außerdem hatte ich den Ehemann in die Praxis eingeladen. Gerade am Anfang, als die Frau noch einige Schwierigkeiten hatte abzunehmen, war es wichtig, ihn mit einzubeziehen, damit er nicht die Geduld verlor. Mittlerweile hat die Patientin Normalgewicht, früher wog sie 95 Kilogramm. Unser Motto war, sie solle ganz normal essen. Sieben kleine Mahlzeiten am Tag, das war sozusagen die Diätmaßnahme. Zwischen den Mahlzeiten sollten keine großen Pausen sein, damit der Stoffwechsel gut funktionieren konnte. Dann haben wir weitere Punkte bearbeitet. Bei ihr ging es nicht nur darum abzunehmen. Vielmehr taten sich in den unterschiedlichsten Bereichen große Entwicklungsmöglichkeiten auf. So verbesserte sich ihr Umgang mit dem Körper-Ich-Gefühl. Zudem hatte die berufliche Situation einen anderen Stellenwert für sie bekommen. Sie suchte sich eine Arbeitsstelle, wofür sie vorher keine Zeit gehabt hatte, und trat kurz darauf wieder ins Berufsleben ein. Da ihre Kinder sehr unter den früheren Streitigkeiten gelitten hatten, haben wir sie auch in die Behandlung aufgenommen und ein paar Sitzungen lang beraten.

K: Diese Ausführungen bestätigen, dass seelische Störungen Entwicklungsstörungen sind. Und dass es darauf ankommt, sich stets fortzuentwickeln.

P: Auch hat die Patientin gelernt, eine positive Beziehung zu ihrem Vater aufzubauen. Der Vater hatte während des Dritten Reiches eine einflussreiche Position. Wir versuchten, sie zur Therapeutin des Vaters zu machen. Daraus hat sich wirklich eine gute Sache entwickelt. So hat sie zum Beispiel mit ihrem Vater über das Dritte Reich und das Naziregime gesprochen. Außerdem hatte sie sich zum ersten Mal intensiv mit dem Sinn des Lebens, dem Thema Zukunft und dem Tod beschäftigt. Wir hatten auch passende Geschichten für die Patientin parat, die sie in dieser Zeit sehr gut begleitet haben.

K: Herr Peseschkian, Sie sind seit mehr als 33 Jahren in Deutschland mit der Weiterbildung von Psychotherapeuten beschäftigt. Eigentlich könnten Sie jetzt in den Ruhestand gehen. Aber, wie ich sehe, ist das noch kein Thema.

P: Adenauer ist mit 72 Jahren noch Bundeskanzler geworden.

K: Sie sind auch in China, Russland und Amerika aktiv?

P: Gerade unsere Beziehungen zu verschiedenen Kulturen zeigen, wie groß das Interesse ist. Mein ältester Sohn wohnte fast acht Jahre lang in Moskau und hat dort bis jetzt ungefähr 16 000 Ärzte und Psychologen aus- und fortgebildet. Er ist auch als Nervenarzt und Psychotherapeut tätig. Außerdem hatte er in Russland 23 Zentren aufgebaut; dort ist die Positive Psychotherapie von der »Medical Academy of Science« anerkannt. In China arbeiten wir auch erfolgreich, ebenso in Südamerika. Die Leute interessieren sich für das Ganzheitsmodell, vor allem für den transkulturellen Ansatz und das interdisziplinäre Vorgehen. Und das ermutigt mich stets aufs Neue, weiterzumachen.

K: Sie sind nicht nur der Ansicht, dass der Psychotherapeut einen wesentlichen Beitrag zur Verbesserung des Weltfriedens beitragen kann, Sie leben auch danach.

P: Ein Psychotherapeut ist möglichst in Frieden mit sich, seiner Familie, seinen Mitmenschen und der fernen Zukunft, eigentlich mit der gesamten Menschheit.

K: Wie ist Ihre Einschätzung über den Stand der Psychotherapie in Deutschland? Wo steht Deutschland im europäischen und internationalen Kontext?

P: Ich habe die große Hoffnung, dass neue Methoden und viele weitere Ansätze anerkannt werden, nachdem nun das Psychotherapeutengesetz verabschiedet worden ist. Unser Modell ist in Deutschland als tiefenpsychologisch fundierte Psychotherapie anerkannt, auch als Kurzzeitpsychotherapie unter transkulturellem Gesichtspunkt. Wir bilden auch Psychologen aus, die bereits andere Methoden gelernt haben. So können sie lernen, das eine und das andere zu integrieren. Und das ermutigt mich natürlich.

K: Herr Peseschkian, was sind die wesentlichen Gesichtspunkte der Positiven Psychotherapie?

P: Ich kann die Grundlagen der Positiven Psychotherapie in 13 Thesen erläutern:

1. Wir betrachten den ganzen Menschen in seiner körperlichen, seelischen, gesellschaftlichen, kulturellen, geschichtlichen und geistig-religiösen Dimension.
2. Wir beziehen nicht nur medizinische und naturwissenschaftliche Erkenntnisse mit ein, sondern ebenso psychologische, psychotherapeutische, psychosomatische, spontane und gefühlsmäßige Gesichtspunkte.
3. Weil jeder Patient unter erheblichem Leidensdruck steht und lernen will, mit seiner Krankheit gut zu leben und ak-

tiv zu seiner Besserung beizutragen, werden wir auch selbstsuggestive und unterstützende Methoden wie Geschichten, Lebensweisheiten und Humor in ihrer praktischen Anwendung zeigen.

4. Wir gehen davon aus, dass jedem Menschen eine Fülle von Fähigkeiten, Möglichkeiten und Chancen innewohnen, die von ihm selbst und seinen Mitmenschen entwickelt, entfaltet und aktiviert werden können.
5. Eine verbreitete und folgenschwere Einstellung ist die Überzeugung: »Das schaffe ich ja doch nicht!« An diesem Satz gilt es *einen* Buchstaben zu ändern: »Das kann ich *noch* nicht!«
6. Manche Patienten haben das Gefühl, durch die Diagnose »erdrückt« zu werden und fühlen sich ohnmächtig. Die positive Deutung der Beschwerden zeigt jedoch, dass jede Krankheit eine Entwicklungsmöglichkeit in sich birgt, die zur Hoffnung berechtigt.
7. Eine Besserung der Beschwerden wird nur schrittweise erreicht: mit Geduld.
8. Wenn ein Widerspruch zwischen der Erkenntnis besteht, Lebensgewohnheiten ändern zu müssen oder zu wollen, zeigen wir gangbare Wege, Gedanken, Gefühle und Verhalten in Einklang zu bringen.
9. Gesundheit zeichnet sich durch das Gleichgewicht zwischen den vier Lebensbereichen (Körper/Sinne, Arbeit/Leistung, Kontakt/Familie, Phantasie/Zukunft) aus. Krankheit ist Ausdruck der Störung dieses Gleichgewichts. Therapie und Selbsthilfe sind Mittel, das natürliche Gleichgewicht wieder herzustellen.
10. Der Patient hat Angst vor möglichen Konsequenzen seiner Erkrankung. Angst hat aber immer auch einen positiven Grund. Es gibt drei Arten von Angst: Die vor einer realen, aktuell oder zukünftig drohenden Gefahr; die vor Situationen, zu deren Bewältigung man noch keine wirksamen

Änderungsmöglichkeiten gefunden hat; die neurotische Angst, deren Ursachen lange zurückliegen.
11. Es ist ein besonderes Anliegen der Positiven Psychotherapie, die Gesundheit des Einzelnen in einem umfassenden Sinn zu sehen; das heißt, nicht nur auf die Symptome zu schauen, sondern auch auf die mittelbaren Ursachen, die sich aus Lebenssituation, Umwelt, Familie, Subkultur und Kultur ergeben.
12. Es geht auch darum, die gesunden Anteile des Patienten aufzuzeigen, aus denen die Ressourcen für eine Heilung bzw. die Fähigkeit und Energien für das Umgehen mit der Krankheit und der veränderten Lebenssituation hervorgehen.
13. Ein wesentliches Anliegen dieses Ansatzes ist es, Wege der Positiven Psychotherapie bei verschiedenen Krankheiten systematisch und zusammenfassend darzustellen, und zwar so, dass sie gleichermaßen für Betroffene und ihre Angehörigen verständlich und lebensnah sowie für Ärzte, Psychologen, Psychotherapeuten, Pflegepersonal und anderes Fachpersonal informativ und praxisbezogen sind. Es richtet sich an alle, die vor den Problemen in den zwischenmenschlichen Beziehungen nicht die Augen verschließen und bereit sind, Anregungen und Orientierungshilfen zu nutzen.

K: Herr Peseschkian, ich freue mich sehr, dass wir in Ihnen einen so engagierten und geistreichen »Entwicklungshelfer« der Psychotherapie in Deutschland haben.

P: Zum Schluss ein Zitat von Michael Balint: »Es kommt vielmehr darauf an, das Alte in einem neuen Licht zu sehen.« Ich danke Ihnen für dieses Gespräch.

K: Ich danke Ihnen für dieses Gespräch, Herr Peseschkian.

Zum Nachdenken:
Geschichten aus tausend und einer Psychotherapie

Nachfolgend noch einige Geschichten, die Nossrat Peseschkian konzipiert hat und in seiner psychotherapeutischen Arbeit gerne benutzt. Diese Geschichten basieren oft auf bereits bekannten Geschichten, die von ihm für seine psychotherapeutische Arbeit vorbereitet und neu formuliert wurden.

Wozu Geschichten, Parabeln und Lebensweisheiten?

»In meiner Praxis, in Seminaren und Vorträgen konnte ich immer wieder die Feststellung machen, dass gerade Parabeln und orientalische Geschichten den Zuhörern oder Patienten entgegenkamen. Bilder werden in Sprache umgesetzt. Als solche unterstützen sie Verständnis und haben zentralen didaktischen Wert. Viele Menschen fühlen sich überfordert, wenn sie abstrakt mit psychotherapeutischen Inhalten konfrontiert werden. Da die Psychotherapie sich nicht nur unter Fachleuten abspielt, sondern eine Brücke zu den Nicht-Fachleuten, den Patienten, darstellt, besteht für sie im besonderen Maß das Gebot, verständlich zu sein. Eine Verständnishilfe ist das Beispiel, die mythologische Geschichte, das sprachliche Bild. Sie beinhalten innerseelische, zwischenmenschliche und gesellschaftliche Konflikte und geben Lösungsmöglichkeiten vor. Losgelöst von der unmittelbaren Erfahrungswelt des Patienten, seinen Widerständen gegenüber der Aufdeckung seiner Konflikte und Schwächen, hilft das mythologische Beispiel, gezielt eingesetzt, ein distanzierteres Verhältnis zu den eigenen Konflikten zu gewinnen. Der Mensch denkt nicht nur in abstrakten und theoretischen Begriffen. Das Verständnis seiner eigenen Probleme wird eher durch anschauliches, bildhaftes Denken und die gefühlsbesetzte Phantasie bestimmt. Diese Erkenntnis führte dazu, das bildhafte Denken und mythologische Geschichten und Fabeln als Verständnishilfen in den therapeutischen Prozess einzubeziehen.«

Die Familie als Himmel und Hölle

Ein Rechtgläubiger kam zum Propheten Elias. Ihn bewegte die Frage nach Hölle und Himmel, denn er wollte seinen Lebensweg danach gestalten. »Wo ist die Hölle – wo ist der Himmel?« Mit diesen Worten näherte er sich dem Propheten, doch Elias antwortete nicht. Er nahm den Fragesteller bei der Hand und führte ihn durch dunkle Gassen in einen Palast. Durch ein Eisenportal betrachteten sie einen großen Saal. Dort drängten sich viele Menschen, arme und reiche, in Lumpen gehüllte und mit Edelsteinen geschmückte. In der Mitte des Saales stand auf offenem Feuer ein großer Topf voll brodelnder Suppe. Um den Topf herum drängten sich hohlwangige und tiefäugige Menschen, von denen jeder versuchte, sich seinen Teil der Suppe zu sichern. Der Begleiter des Propheten Elias staunte, denn die Löffel, die diese Menschen in den Händen hielten, waren so groß wie sie selbst. Ganz am Ende hatte der Stiel des Löffels einen hölzernen Griff. Der übrige Löffel, dessen Inhalt einen Menschen hätte sättigen können, war aus Eisen und durch die Suppe glühend heiß. Gierig stocherten die Hungrigen im Eintopf herum. Jeder wollte seinen Teil, doch keiner bekam ihn. Mit Mühe hoben sie ihren schweren Löffel aus der Suppe. Da dieser aber zu lang war, bekam ihn auch der Stärkste nicht in den Mund. Gar zu Vorwitzige verbrannten sich Arme und Gesicht oder schütteten in ihrem gierigen Eifer die Suppe ihren Nachbarn über die Schulter. Schimpfend gingen sie aufeinander los und schlugen sich mit den Löffeln. Der Prophet Elias fasste seinen Begleiter am Arm und sagte: »Das ist die Hölle!« Sie verließen den Saal und hörten das höllische Geschrei bald nicht mehr. Nach langer Wanderung durch finstere Gänge traten sie in einen weiteren Saal ein. Auch hier saßen viele Menschen. In der Mitte des Raumes brodelte ebenfalls ein Kessel mit Suppe. Jeder der Anwesenden hatte einen jener riesigen Löffel in der Hand, die Elias und sein Begleiter schon in der Hölle gesehen hatten. Aber die Menschen waren hier wohlgenährt, und man hörte in dem Saal nur ein leises, zufriedenes

Summen und das Geräusch der eintauchenden Löffel. Jeweils zwei Menschen hatten sich zusammengetan. Einer tauchte den Löffel ein und fütterte den anderen. Wurde einem der Löffel zu schwer, halfen zwei andere mit ihrem Esswerkzeug, sodass jeder in Ruhe essen konnte. War der eine gesättigt, kam der nächste an die Reihe. Der Prophet Elias sagte zu seinem Begleiter: »Das ist der Himmel!« Diese Geschichte, vom Volksmund überliefert, ist aus dem Leben gegriffen. Sie gilt immer dann, wenn wir die Schwierigkeiten in einer Familie sehen, die Auseinandersetzungen zwischen Vater und Mutter, den Streit zwischen den Kindern und die Aggressionen in der Beziehung der Eltern und Kinder; wenn wir den Kampf eines Menschen mit seiner Umgebung betrachten und die Auseinandersetzung zwischen Gruppen und Völkern. Die »Hölle« der Geschichte ist das Nebeneinander- und Gegeneinanderarbeiten. Der »Himmel« dagegen beruht auf der Bereitschaft, mit den anderen positiv in Beziehung zu treten. Beide – die Menschen im Himmel wie die in der Hölle – haben die gleichen oder ähnliche Probleme. Ob sie im Himmel oder in der Hölle leben, hängt davon ab, wie sie diese Probleme lösen. Jede Familie hat etwas vom Himmel und von der Hölle. Wir haben die Möglichkeit zu wählen. Wie groß diese Chance der Wahl ist, wird zu einem guten Teil durch unsere Erfahrungen bestimmt, dadurch, wie wir gelernt haben, Probleme zu lösen, und durch unsere Bereitschaft, unsere Erfahrung zu nutzen und sie den Menschen weiterzugeben, mit denen wir zusammenleben.

(aus: *Positive Familientherapie*)

Der weiße Elefant

Ein orientalischer König schenkte einem Kalifen einen weißen Elefanten. Der Kalif war hoch erfreut über dieses wunderbare Geschenk und sah täglich nach dem Elefanten. Eines Tages dachte er, wie schön es doch wäre, wenn der Elefant das Sprechen lernen würde, dann könnte er sich auch mit ihm unterhalten.
Er rief alle Wesire seines Hofes zusammen und fragte sie: »Wer von euch kann dem Elefanten das Sprechen beibringen?« Die Wesire schauten sich an und schüttelten die Köpfe, einer nach dem anderen, und murmelten vor sich hin, wer je schon so etwas erlebt habe, dass

ein Elefant das Sprechen lernen könne. Ein junger Wesir trat jedoch vor den Kalifen und sprach: »Ich will dem Elefanten das Sprechen beibringen, gib mir dazu zwei Jahre Zeit.« Der Kalif war über die Antwort sehr glücklich und belohnte den Wesir reich. Die anderen jedoch fragten ihn: »Wie kannst du nur so etwas Dummes machen? Jedermann weiß doch, dass Elefanten nicht sprechen können!« – »Ja, das ist richtig«, antwortete der junge Wesir, »doch warum sollte ich dem Kalifen nicht den Gefallen tun? Ich habe mir zwei Jahre Zeit erbeten, wer weiß, was in dieser Zeit alles geschieht! Der Elefant kann sterben. Der Tod kann den Teppich des Lebens unseres erhabenen Kalifen zusammenrollen und wegtragen und das Gleiche kann auch mir geschehen.«

(aus: *Psychosomatik und Positive Psychotherapie*)

Der geheilte Wahn

Der Herrscher glaubte, er sei eine Kuh, und hatte völlig vergessen, dass er ein Mensch war. Deshalb brüllte er wie ein Rind und flehte: »Kommt, nehmt mich mit, schlachtet mich und macht von meinem Fleisch Gebrauch.« Er aß nichts und schickte alle ihm gereichten Speisen zurück. »Warum führt ihr mich nicht auf die grüne Wiese, dass ich dort das fressen kann, wie es einer Kuh zukommt?« Da er nicht mehr aß, nahm er ständig ab und war schließlich nur noch ein Gerippe. Da alle Methoden und Medikamente nicht halfen, zog man Avicena zurate. Dieser ließ dem König mitteilen, ein Metzger käme, um ihn zu schlachten, sein Fleisch zu zerlegen und es den Menschen zu essen zu geben. Als der Kranke das erfuhr, war er über alle Maßen glücklich und wartete mit Sehnsucht auf seinen Tod. An dem vereinbarten Tag trat Avicena vor den König. Er schwang das Schlachtermesser und schrie mit fürchterlicher Stimme: »Wo ist die Kuh, damit ich sie endlich schlachten kann.« Der König gab ein verzücktes Muhen von sich, damit der Metzger wisse, wo das Opfer sei. Avicena befahl laut: »Bringt das Schlachtvieh her, fesselt es, damit ich ihm den Kopf vom Rumpf trennen kann.« Doch bevor er zuschlug, prüfte er, wie Metzger es gewöhnlich tun, die Lenden und den Bauch des Schlachtopfers auf Fleisch und Fett und rief laut aus: »Nein, nein, diese Kuh ist noch nicht reif zum Schlachten. Sie ist sehr mager. Nehmt sie mit und gebt

ihr zu fressen. Wenn sie das richtige Gewicht hat, komme ich wieder.«
Der Kranke aß in seiner Hoffnung, bald geschlachtet zu werden, jede
Speise, die man ihm brachte. Er nahm zu, sein Befinden besserte sich
zusehends, und er genas unter der Pflege Avicenas.

(aus: *Der Kaufmann und der Papagei*)

Der Traum und sein Sinn

Ein orientalischer König hatte einen beängstigenden Traum. Er
träumte, dass ihm alle Zähne, einer nach dem anderen, ausfielen.
Beunruhigt rief er seinen Traumdeuter herbei. Dieser hörte sich den
Traum sorgenvoll an und eröffnete dem König: »Ich muss dir eine
traurige Mitteilung machen. Du wirst genau wie die Zähne alle Angehörigen einen nach dem anderen, verlieren.« Die Deutung erregte
den Zorn des Königs. Er ließ den Traumdeuter in den Kerker werfen.
Dann ließ er einen anderen Traumdeuter kommen. Der hörte sich
den Traum an und sagte: »Ich bin glücklich, dir eine freudige Mitteilung machen zu können: Du wirst älter werden als alle deine Angehörigen, du wirst sie alle überleben.« Der König war erfreut und belohnte ihn reich. Die Höflinge wunderten sich sehr darüber. »Du
hast doch eigentlich nichts anderes gesagt als dein armer Vorgänger.
Aber wieso traf ihn die Strafe, während du belohnt wurdest?«, fragten sie. Der Traumdeuter antwortete: »Wir haben beide den Traum
gleich gedeutet. Aber es kommt nicht nur darauf an, was man sagt,
sondern auch wie man es sagt.«

(aus: *Auf der Suche nach Sinn*)

Die goldenen Zeltnägel

Ein Derwisch, dessen Freude die Entsagung und dessen Hoffnung
das Paradies war, traf einst einen Fürsten, dessen Reichtum alles
übertraf, was der Derwisch je gesehen hatte. Das Zelt des Adligen, der
außerhalb der Stadt zur Erholung lagerte, war aus kostbaren Stoffen,
und selbst die Zeltnägel, die es hielten, waren aus purem Gold. Der

Derwisch, der es gewohnt war, Askese zu predigen, überfiel den Fürsten mit einem Wortschwall, wie nichtig doch der irdische Reichtum, wie eitel die goldenen Zeltnägel, wie vergeblich das menschliche Mühen seien. Wie ewig und herrlich seien dagegen die heiligen Stätten. Entsagung bedeutete das größte Glück. Ernst und nachdenklich hörte der Fürst zu. Er ergriff die Hand des Derwischs und sprach: »Deine Worte sind für mich wie die Glut der Mittagssonne und die Klarheit des Abendwindes. Freund, komm mit mir, begleite mich auf dem Weg zu den heiligen Stätten.« Ohne rückwärts zu schauen, ohne Geld, ein Reitpferd oder einen Diener mitzunehmen, begab sich der Fürst auf den Weg. Erstaunt eilte der Derwisch hinterher: »Herr! Sag mir doch, ist es dein Ernst, dass du zu den heiligen Stätten pilgerst? Wenn es so ist, warte auf mich, dass ich schnell meinen Pilgermantel hole.« Gütig lächelnd, antwortete der Fürst: »Ich habe meinen Reichtum, meine Pferde, mein Gold, mein Zelt, meine Diener und alles, was ich hatte, zurückgelassen, musst du dann wegen eines Mantels den Weg zurückgehen?« – »Herr«, staunte der Derwisch, »erkläre mir bitte, wie konntest du alle deine Schätze zurücklassen und selbst auf deinen Fürstenmantel verzichten?« Der Fürst sprach langsam, aber mit sichererStimme: »Wir haben die goldenen Zeltnägel in den Erdboden geschlagen, nicht aber unser Herz!«

(aus: *Positive Familientherapie*)

Vergiss nicht, wer du warst!

Vor vielen Jahren lebte ein einfacher Schafhirte, der ein sehr bescheidenes Leben führte. Als eines Tages der König des Landes auf einer Reise an der Weide des Schafhirten vorbeikam, entschloss er sich, ihn in seinen Palast mitzunehmen. Der Schafhirte beeindruckte ihn durch sein Verhalten so sehr, dass er schon nach einiger Zeit zum persönlichen Berater des Königs ernannt wurde. Die anderen Minister und königlichen Beamten waren natürlich verärgert und neidisch auf den Schafhirten. Sie versuchten den König davon zu überzeugen, dass sein Berater im Geheimen Pläne gegen ihn schmiedete und so das ihm entgegengebrachte Vertrauen ausnutzte. Sie begründeten ihre Anschuldigungen damit, dass sie den Schafhirten täglich in eine kleine abgeschiedene Kammer gehen sahen, wo er für einige Stunden verweilte. »Was kann er dort anderes tun, als heimtückische Pläne zu entwerfen«, sagten sie. Der König war höchst erstaunt und beschloss, den Schafhirten zur Rede zu stellen. Als der Schafhirte am nächsten Tag zur gewohnten Stunde in die Kammer gehen wollte, trat der König hervor und verlangte, den Raum zu sehen. Der erstaunte Schafhirte entgegnete: »Dies ist meine persönliche Kammer, in die ich mich zurückziehe.« Da aber der König darauf bestand, in den Raum geführt zu werden, öffnete der Hirte die Tür. Zu aller Erstaunen war der Raum leer. Nur an einer Wand hing ein altes, verstaubtes Gewand des Hirten. Als er nach einer Erklärung gefragt wurde, antwortete er bescheiden: »Ich komme jeden Tag eine Stunde hierher und betrachte dieses Gewand, um mir immer vor Augen zu führen, was ich einmal war und woher ich gekommen bin.«

(nach Abdu'l-Bahá: *Positive Psychotherapie*)

Das passende Wort

Ein Herrscher aus alten Zeiten grübelte über die Fragen des Lebens nach. Weil ihn das Wesen von Gut und Böse beschäftigte, befahl er seinem Diener, die Organe zu bringen, die am besten, schönsten und wertvollsten seien. Der Diener brachte das Herz und die Zunge eines Tieres. Der Herrscher schaute sich die Organe an, dachte über den Sinn nach, den sie bedeuteten und schickte den Diener nun, die hässlichsten und schlechtesten Organe zu holen. Der ging und brachte wiederum ein Herz und eine Zunge. Erstaunt fragte der Herrscher seinen Diener: »Du bringst Herz und Zunge als die besten Organe, aber auch gleichzeitig als die schlechtesten, wie kommt das?« Der Diener antwortete bescheiden: »Wenn das, was ein Mensch fühlt und denkt, offen von Herzen kommt und die Zunge nur Wahres ehrlich sagt, sind Herz und Zunge die wertvollsten Organe. Der Mensch, dem sie gehören, fühlt sich gesund und glücklich. Wenn aber das Herz zu einer Mördergrube wurde, die Wünsche verleugnet, und die Zunge Unwahrheit und Falsches sagt, sind beide Organe die reine Strafe für den Menschen, dem sie gehören. Die Zwietracht, die er nach außen sät, erfüllt auch sein Inneres, und das Glück hat sich von ihm gewandt.«

(aus: *Auf der Suche nach Sinn*)

Geteilter Lohn

Ein Wanderprediger des alten Orients kam mit einer wichtigen Botschaft in eine fremde Stadt. Nur dem König selber wollte er diese übergeben. Sosehr ihn die Minister des Hofes drängten, ihnen diese Botschaft auszuhändigen, er blieb standhaft bei seinem Entschluss. Und wirklich, nach einem Gespräch mit dem Wesir unter vier Augen wurde er dem König zugeführt. Der König zeigte sich sehr erfreut über die Botschaft des Wanderers und stellte ihm frei zu wünschen, was immer er wolle. Zum Erstaunen aller verlangte dieser in aller Bescheidenheit hundert Stockschläge. Nachdem er die ersten fünfzig Schläge erhalten hatte, rief er: »Haltet ein! Die restlichen fünfzig Schläge soll der Wesir bekommen. Ihm hatte ich die Hälfte meiner Belohnung versprochen.«

(aus: *33 und eine Form der Partnerschaft*)

Der Sinn einer bitteren Melone

Ein Herr hatte einen Diener, der ihm sehr ergeben war. Eines Tages gab er dem Diener eine Melone, die reif und köstlich ausschaute, nachdem sie aufgeschnitten war. Der Diener aß ein Stück, dann noch eines und noch eines mit großem Genuss, bis fast die ganze Melone aufgegessen war. Der Herr wunderte sich sehr darüber, dass sein Diener ihm nichts anbot. So nahm er das letzte Stück, probierte es und fand die Melone übermäßig bitter und ungenießbar. »Warum ist sie bitter? Fandest du es nicht so?«, fragte er den Diener. »Ja mein Herr«, antwortete dieser, »sie war bitter und unangenehm, aber ich habe so viel Süßes von deinen Händen gekostet, dass eine bittere Melone nicht erwähnenswert war.«

(aus: *Auf der Suche nach Sinn*)

Späte Rache

Ein Mann war zur Strafe von den Dorfbewohnern in eine ausgetrocknete Wassergrube geworfen worden. Die geschädigten Dorfbewohner nahmen nun, jeder für sich, die Gerechtigkeit in die eigene Hand. Sie standen am Rande der Grube und ließen einen Regen von Speichel über den Sünder hernieder gehen. Andere warfen mit dem Kot der Straße: Plötzlich traf ein Stein den Gepeinigten. Erstaunt blickte er auf und fragte den Werfer: »Die anderen kenne ich alle. Wer bist du, dass du den Stein wirfst?« Der Mann am Grubenrand antwortete: »Ich bin der Mann, dem du vor 20 Jahren ein Leid angetan hast.« Der Sünder wunderte sich: »Wo warst du denn die ganze Zeit?« – »Die ganze Zeit«, kam die Antwort, »hatte ich den Stein in meinem Herzen getragen. Jetzt, wo ich dich so erbärmlich gefunden habe, nahm ich den Stein in meine Hand.«

(aus: *Der Kaufmann und der Papagei*)

Schatten auf der Sonnenuhr

Im Orient wollte einst ein König seinen Untertanen eine Freude bereiten und brachte ihnen, die keine Uhr kannten, von einer Reise eine Sonnenuhr mit. Sein Geschenk veränderte das Leben der Menschen im Reich. Sie begannen, die Tageszeiten zu unterscheiden und ihre Zeit einzuteilen. Sie wurden pünktlicher, zuverlässiger und fleißiger und brachten es zu großem Reichtum und Wohlstand. Als der König starb, überlegten sich die Untertanen, wie sie die Verdienste des Verstorbenen würdigen konnten. Und weil die Sonnenuhr das Symbol für die Gnade des Königs und der Grund für den Erfolg der Bürger war, beschlossen sie, um die Sonnenuhr einen prachtvollen Tempel mit goldenem Kuppeldach zu bauen. Doch als der Tempel vollendet war und sich die Kuppel über der Sonnenuhr wölbte, erreichten die Sonnenstrahlen die Uhr nicht mehr. Der Schatten, der den Bürgern die Zeit gezeigt hatte, war verschwunden, der gemeinsame Orientierungspunkt, die Sonnenuhr, verdeckt. Der eine Bürger war nicht mehr pünktlich, der andere nicht mehr zuverlässig; der dritte nicht mehr fleißig. Jeder ging seinen Weg. Das Königreich zerfiel.

(aus: *Psychotherapie des Alltagslebens*)

Von den drei Fischen

In einem Teich lebten drei Fische. Eines Tages blieben auf dem Wehr über ihnen Fischer stehen. »Der Teich ist voller Fische«, sagten sie, »wir müssen ihn morgen leer fischen!« Die drei Fische vernahmen das. Der Erste wurde nachdenklich, und dann sagte er sich: »Was du heute kannst besorgen, das verschiebe nicht auf morgen!« Noch am selben Tag schwamm er zum Wehr, und durch ein Loch im Wehr floh er in den Bach. Der zweite Fisch zerbrach sich wegen der Reden der Fischer nicht allzu sehr den Kopf. »Der Morgen ist klüger als der Abend«, sagte er sich, und erst am nächsten Morgen begann er, das Loch im Wehr zu suchen, doch er fand es nicht mehr, denn die Fischer hatten es verstopft. »Es steht schlecht«, sagte sich der Fisch. »Doch es ist noch nicht aller Tage Abend, ich darf nur nicht den Kopf verlieren.« Er schwamm an die Oberfläche und ließ sich mit dem Bauch nach oben treiben, als wäre er tot. Als ihn die Fischer sahen, warfen sie ihn ans Ufer, damit ihn die Vögel fressen. Dann senkten sich die Netze in den Teich. Der Fisch schnellte nun herum und sprang in den Bach. Er war gerettet. Der dritte Fisch kümmerte sich überhaupt nicht um die Reden der Fischer. »Es ist bisher irgendwie gegangen, es wird auch irgendwie weiter gehen!«, sagte er sich so lange, bis sich das Netz ganz um ihn zusammengezogen hatte. Und so fingen ihn die Fischer, töteten ihn und verkauften ihn auf dem Markt.

(aus: *Das Geheimnis des Samenkorns*)

Der Arzt

Werdegang Professor Dr. med. Nossrat Peseschkians

1946–1954 Schulbesuch; Gymnasium, Abitur und Literaturstudium im Iran; Hochschulabschluss.

1954–1960 Medizin-Studium an den Universitäten: Albert-Ludwigs-Universität, Freiburg i. Br.; Johannes Gutenberg-Universität, Mainz; Johann Wolfgang Goethe-Universität, Frankfurt am Main; 1960 Staatsexamen als Arzt.

1960–1968 Klinische Tätigkeit an verschiedenen Kliniken in Hessen; Anerkennung als Facharzt für Neurologie und Psychiatrie/Psychotherapie, psychotherapeutische Weiterbildung in Deutschland, der Schweiz, Österreich und den Vereinigten Staaten; Promotion.

1969–1998 KV-Anerkennung für analytische Psychotherapie, tiefenpsychologische fundierte Psychotherapie und Verhaltenstherapie, Leiter der psychotherapeutischen Praxis und Tagesklinik in Wiesbaden; Schwerpunkte: Familientherapie, psychosomatische Medizin und transkulturelle Psychotherapie.

Seit 1973 Begründer und Leiter des Wiesbadener Weiterbildungskreises für Psychotherapie und Familientherapie (WIPF) (durch die Landesärztekammer Hessen und die Kassenärztliche Vereinigung Hessen anerkannt).

Seit 1978 Begründer der »Deutschen Gesellschaft für Positive Psychotherapie e. V. (DGPP)«.

1996 Anerkennung der Positiven Psychotherapie als tiefenpsychologisch fundierter Behandlungsmethode seitens der Landesärztekammer Hessen.

Seit 1998 Leiter der Wiesbadener Akademie für Psychotherapie (WIAP) GmbH (staatlich anerkannte Ausbildungsstätte).

Wissenschaftliche Tätigkeit

Veröffentlichung von ungefähr 280 wissenschaftlichen Arbeiten in in- und ausländischen Fachzeitschriften;

Autor von 16 Büchern; Übersetzungen in 22 Sprachen liegen bisher vor;

Transkulturelle Untersuchungen in mehr als 22 Ländern;

Lehrtätigkeit und Lehraufträge an in- und ausländischen Universitäten, Instituten und Akademien;

Vortrags- und Seminartätigkeit über die Positive Psychotherapie und ihre Anwendung in 65 Ländern;

Gründer und Herausgeber der Zeitschrift für Positive Psychotherapie (seit 1978);

Aufbau und Durchführung der »Bad Nauheimer Psychotherapie-Wochen« an der Akademie für ärztliche Fort- und Weiterbildung der Landesärztekammer Hessen (von 1973 bis Oktober 2000 wurden dort an die 16 000 Ärzte und Therapeuten fort- und weitergebildet);

Dozent für Psychotherapie und Psychosomatische Medizin an den Fort- und Weiterbildungskongressen der Bundesärztekammer in Meran (seit 1988) und Montecatini;

Tätigkeiten in der Forschung, Lehre und Ausbildung in zahlreichen Ländern;

Referent auf der Weltkonferenz der Gründerpersönlichkeiten der Psychotherapie, »Evolution of Psychotherapy« (1994 in Hamburg);

Mitglied der Kommission Psychotherapie und Psychosomatik der Kassenärztlichen Vereinigung Hessen (1989–1996);

Organisation, Durchführung und Vorsitzender des 1. und 2. Weltkongresses für Positive Psychotherapie (1997 in St. Petersburg) und 2000 in Wiesbaden;

2. Weltkongress der Positiven Psychotherapie im Jahr 2000 in Wiesbaden

Schwerpunkte transkultureller Aktivitäten

Lehrtätigkeit in Russland, weiteren GUS-Staaten usw.

bis 1988	Erste Kontakte und Seminar am Bechtherev Psychoneurological Research Institute, Leningrad; Association of Training and Psychotherapy at Training Center of the State Committee of Education: The Leningrad Polytechnic Institute.
1990	Seminare in Moskau und Leningrad für die Russian Association of Practical Psychologists.
Sommer 1991	Vorträge über Psychotherapie am Lehrstuhl für Psychiatrie der Medizinischen Hochschule in Kasan.
1991	Seminare und Vorlesungen an der Medizinischen Hochschule in Kasan und Duschanbe (Tadschikistan). In diesem Jahr Gründung von 11 Zentren für Positive Psychotherapie an Medizinischen Hochschulen in Russland.
1992	Vortrags- und Seminarreise zu den Medizinischen Hochschulen (Abteilung Psychiatrie) in Minsk, Archangelsk, Jekaterinburg, Kasan und Moskau. Weiterbildungsveranstaltungen und Vorlesungen, die durch die Zentren für Positive Psychotherapie organisiert wurden, an den Medizinischen Hochschulen in Minsk, Archangelsk, Jekaterinburg, Kasan und Moskau. Publikation folgender Bücher auf Russisch: »Der Kaufmann und der Papagei«; »Positive Familientherapie«; »Positive Psychotherapie«.

1993	Neben den bereits vorhandenen Zentren für Positive Psychotherapie Eröffnung von Zentren in Kasachstan und Belarus; Seminare und Vorlesungen an den Medizinischen Hochschulen in Minsk, Jekaterinburg, Kasan und Moskau. Workshop in St. Petersburg. Treffen der Leiter der regionalen russischen Zentren für Positive Psychotherapie und Gründung der Russischen Gesellschaft für Positive Psychotherapie in Kasan. Verleihung der Ehrenmitgliedschaft des Institute of Prospective Studies in Psychiatry, Medical Psychology and Psychotherapy in Bishkek/Kirgisistan an Nossrat Peseschkian.
1994	Internationaler Kongress »Die Familie im Jahr 2000« in Moskau im Research Center für Familie und Kinder; gemeinsames Seminar der Russischen Akademie für Erziehung und dem Internationalen Zentrum für Positive Psychotherapie in Moskau.
1995	Seminare in Positiver Psychotherapie an der Pavlov Medical University, Dept. of Hospital Therapy in St. Petersburg; Treffen der Mitglieder der Russischen Gesellschaft für Positive Psychotherapie in St. Petersburg (2. Jahrestagung); Seminar in Positiver Psychotherapie in Krasnodar als Teil des »Caucasian Bridge Project«.
1996	3. Jahrestagung der Russischen Gesellschaft für Positive Psychotherapie an der Moscow Medical Academy; Eröffnung weiterer Zentren für Positive Psychotherapie in Kasachstan und Litauen; Erscheinen der Bücher auf Russisch: »Psychosomatik und Positive Psy-

	chotherapie«; »Psychotherapie des Alltagslebens«.
1997	Seminar für Psychotherapeuten in St. Petersburg; weitere Wochenseminare in verschiedenen russischen Staaten in Universitäten, medizinischen Instituten und akademischen Gesellschaften; 1. Internationaler Kongress für Positive Psychotherapie in Moskau und St. Petersburg mit Teilnehmern aus 23 Ländern; offizielle Anerkennung der Aus-, Fort- und Weiterbildung in Positiver Psychotherapie durch die Russische Medizinische Akademie, Moskau.
1998/1999	6. Jahrestagung der Russischen Gesellschaft für Positive Psychotherapie; Ehrenmitgliedschaft der Russischen Gesellschaft für Psychotherapie (RPA); Fortbildungskurse an der Medizinischen Universität Wladiwostok; Teilnahme russischer Kollegen an der Bad Nauheimer Psychotherapie-Woche; regelmäßiges Erscheinen russischer Artikel in der Deutschen Zeitschrift für Positive Psychotherapie; russische Dissertationen auf der Grundlage der Positiven Psychotherapie. Weitere Publikationen in russischer Sprache: »33 und eine Form der Partnerschaft« sowie »Positive Psychotherapie und Familientherapie«.
Juli 2000	2. Weltkongress für Positive Psychotherapie in Wiesbaden mit zahlreichen Teilnehmern und Referenten aus Russland.
2001–2002	Teilnahme der Kollegen aus Russland und weiteren GUS-Staaten am Internationalen Trainings-Programm mit Diplom für »Basic

Schanghai Second Medical University

Trainer for Positive Psychotherapy« und
»Master Trainer for Positive Psychotherapy«
in Wiesbaden und Wien.

Aktivitäten, Projekte, Ausbildungen in China

1985	Treffen im United Nations Headquarter mit Professor Ge, Peking Union Medical College (PUMC), in Genf.
1986	Nossrat Peseschkians Bücher werden auf der ersten internationalen Buchmesse in Beijing vorgestellt.

1990–1991	Veröffentlichung zweier Bücher Peseschkians in chinesischer Sprache.
1991	Congress of German Chinese Health Association in Tangshan; Vorträge über Positive Psychotherapie in Schanghai; Seminar über Positive Psychotherapie in Beijing in Kooperation mit PUMC und der Chinese Mental Health Association.
	Besuch von Professor Ge, Peking Union Medical College, und Professor Li, PUMC, in Wiesbaden.
1993	Hauptreferent bei der Eröffnung eines Mental Health Center in Lushan.
1995	Treffen mit Professor Chen Yiyun, Direktor des Jinglun Family Center of the China Association of Social Workers; Seminar über Positive Psychotherapie in Beijing.
1996	Weiterbildungsseminare in Beijing.
1998	Veröffentlichung von vier Büchern auf Chinesisch.
1999	Weiterbildungsseminare in Beijing und Schanghai; vier Zentren für Positive Psychotherapie in China errichtet.
2000	Weiterbildungskurse in Beijing und Schanghai; Teilnahme chinesischer Kollegen am 2. Weltkongress für Positive Psychotherapie in Wiesbaden.
2001	Weiterbildungskurse in Schanghai; alle chinesischen Übersetzungen von Büchern über die Positive Psychotherapie werden in Taiwan neu veröffentlicht.
2002	Weiterbildungsseminare in Schanghai und Beijing; Veröffentlichung des Buches »Psychosomatik und Positive Psychotherapie«.

Forschung, Lehraufträge, Ausbildung und Vorträge in Südamerika

1982 Forschungsreisen nach Argentinien, Brasilien, Paraguay, Uruguay.
1984 Vortragsreise nach Brasilien.
1987 Vortragsreise nach Argentinien.
1990 Vortragsreise nach Brasilien.
1990 Vortragsreise nach Paraguay.
1993 Vortragsreise nach Brasilien zum 9. Weltkongress der Psychiatrie in Rio de Janeiro; Seminar in Santa Cruz (Bolivien).
1994 Vortragsreise nach Argentinien. Weiterbildungsveranstaltung in Santa Cruz (Bolivien).
1995 Seminare in Santa Cruz und La Paz (Bolivien); Seminare in Santiago de Chile.
1996 Seminare in La Paz und Santa Cruz (Bolivien); Seminar in Santiago de Chile.
1997 Seminar in Santa Cruz (Bolivien); Reisen nach Costa Rica, Ecuador, Honduras, Peru, in die Schweiz und in die USA.
1998 Seminar in La Paz (Bolivien).
1999 Seminare und Vorträge in Santa Cruz (Bolivien).
2002 Publikation des Buches »Auf der Suche nach Sinn« auf Portugiesisch.

Ehrungen

1997 Richard-Merten-Preis für die Arbeit »Computergestützte Qualitätssicherung in der Positiven Psychotherapie«.
1997 Ehrenbürger der Stadt Santa Cruz Del La Sierra (Bolivien).
1998 Ernst-von-Bergmann-Plakette
1998 Ehrenmitgliedschaft der Russischen Psychotherapie-Gesellschaft in Smolensk.
Ceramic Dolphin-Preis der Primorsky Branch of Russian Association of Psychotherapy
1999 Ehrenmitgliedschaft des Wissenschaftlichen Rates des Bechterew-Instituts St. Petersburg.
Ernennung zum Honorarprofessor des neuropsychiatrischen Forschungsinstituts Bechterew in St. Petersburg.

Verleihung des Richard-Merten-Preises an Nossrat Peseschkian (1997)

2000 Ehrenmitgliedschaft der Bulgarischen Gesellschaft der Wissenschaftler in Varna.
2002 Auszeichnung für herausragende Leistungen auf wissenschaftlichem Gebiet (Medizin) durch die Samii-Housseinpour Stiftung Brüssel.

Mitgliedschaften in folgenden Organisationen

Internationale Gesellschaften:
American Psychiatry Association (APA);
World Psychiatric Association (WPA);
World Council for Psychotherapy (WCP);
International Council of Psychologists (ICP);
International Association for Cross-Cultural-Psychology (IACCP);
International Association of Group Psychotherapy (AGP);
European Association for Psychotherapy (EAP);
World Association for Medical Law;
International College of Psychosomatic Medicine;
Schweizerische Gesellschaft für psychosomatische Medizin;
Deutsch-Chinesische Gesellschaft für Medizin e. V.

Nationale Gesellschaften:
Deutsche Gesellschaft für Psychiatrie, Psychotherapie und Nervenheilkunde (DGPPN);
Deutsche Gesellschaft für Positive Psychotherapie e. V. (DGPP);
Allgemeine Ärztliche Gesellschaft für Psychotherapie (AÄGP);
Deutsche Gesellschaft für ärztliche Hypnose und autogenes Training;
Deutsche Gesellschaft für Neurologie;

Berufsverband Deutscher Nervenärzte Landesverband Hessen;
Deutsche Arbeitsgemeinschaft für Migrantenmedizin;
Verband deutscher Schriftsteller.

Veröffentlichungen

Schatten auf der Sonnenuhr: Erziehung, Selbsthilfe und Psychotherapie; Medical Tribune Verlag, Wiesbaden 1974;

Positive Psychotherapie: Theorie und Praxis einer neuen Methode; Fischer, Frankfurt am Main 1977 (6. Aufl. 2002);

Psychotherapie des Alltagslebens: Training zur Partnerschaftsbeziehung und Selbsthilfe; Fischer, Frankfurt am Main 1977 (11. Aufl. 2001);

Der Kaufmann und der Papagei: Orientalische Geschichten in der Positiven Psychotherapie; Fischer, Frankfurt am Main (26. Aufl. 2002);

Positive Familientherapie: Eine Behandlung der Zukunft; Fischer, Frankfurt am Main 1980 (9. Aufl. 2001);

Auf der Suche nach Sinn: Psychotherapie der kleinen Schritte; Fischer, Frankfurt am Main 1983 (11. Aufl. 2000);

33 und eine Form der Partnerschaft; Fischer, Frankfurt am Main 1988 (10. Aufl. 2000);

Psychosomatik und Positive Psychotherapie: Transkultureller und interdisziplinärer Ansatz am Beispiel von 40 Krankheitsbildern; Springer, Berlin–Heidelberg 1991 und Fischer, Frankfurt am Main (5. Aufl. 2002);

Wiesbadener Inventar zur Positiven Psychotherapie und Familientherapie – WIPPF – Mitautor H. Deidenbach; Springer, Heidelberg 1988;

Angst und Depression im Alltag. Eine Anleitung zu Selbsthilfe und Positiver Psychotherapie; 1998 – Mitautor U. Boessmann; Fischer, Frankfurt am Main 1998 (4. Aufl. 2001);

Das Geheimnis des Samenkorns: Positive Streßbewältigung. Springer, Berlin–Heidelberg 1996. (Fischer, Frankfurt am Main (2. Aufl. 2002);

Positive Ordnungstherapie: Gebrauchsanleitung für die ganz-

heitsmedizinische Praxis – Mitautor U. Boessmann; Hippokrates-Verlag, Stuttgart 1995;

Der nackte Kaiser oder: Wie man die Seele der Kinder und Jugendlichen versteht und heilt; Pattloch-Weltbild-Verlag 1997; (Fischer, Frankfurt am Main 2002);

Steter Tropfen höhlt den Stein – Mikrotraumen – Das Drama der kleinen Verletzungen; Pattloch-Weltbild-Verlag 2000;

Wenn du willst, was du noch nie gehabt hast, dann tu, was du noch nie getan hast; Verlag Herder, Freiburg / Br. 2002 (4. Aufl. 2002)

Mit Diabetes komm' ich klar: Zurück zum inneren Gleichgewicht mit Positiver Psychotherapie – Mitautor G. Sachse; Georg Thieme Verlag (TRIAS), Stuttgart 2002;

Salutogenese und Positive Psychotherapie (zusammen mit K. Jork); Hogrefe & Huber Verlagsgruppe, Göttingen 2003;

Lebensklug ist jeder: der eine vorher, der andere nachher; Verlag Herder, Freiburg i. Br. 2003.

In folgenden Ländern wurden bisher zahlreiche Bücher Nossrat Peseschkians veröffentlicht:
Bolivien; Brasilien; Bulgarien; China; Indien; Korea; Niederlande; Norwegen; Polen; Rumänien; Russland; Serbien; Spanien; Syrien; Tschechische Republik; Türkei; Ungarn; USA.

Darüber hinaus hat Nossrat Peseschkian circa 280 Aufsätze in verschiedenen wissenschaftlichen Zeitschriften im In- und Ausland publiziert.
Mehr Infos: www.wiap.de

Nossrat Peseschkian im Spiegel von Kolleginnen und Kollegen

»Die Vereinigung von orientalischen und europäischen Gesichtspunkten zu einer wirksamen Psychotherapie, wie sie durch den Autor beschrieben wird, ist sehr begrüßenswert ... Die Positive Psychotherapie Peseschkians und die durchschimmernde persönliche Haltung des Autors vermitteln dem Leser den Eindruck, dass ein berufener Psychotherapeut mit einer besonderen Motivation, den ihn Aufsuchenden bei ihrer Konfliktlösung ärztlich beizustehen, am Werke ist. Besonders verdienstvoll ist es, dass der fremdsprachig, im Iran Aufgewachsene, seine Gedanken so eindrücklich in deutscher Sprache zur Darstellung bringen kann. Ich wünsche dem Autor mit diesem Buch (Positive Psychotherapie) einen vollen Erfolg.«

Prof. Dr. med. Raymond Battegay, Psychiatrische Universitätsklinik Basel (1977)

»Die von dem Autor entwickelte Methode der Psychotherapie besticht durch Verständlichkeit, leichte Anwendbarkeit und tief gehende Wirkung. Mit ihr lassen sich Patienten aus allen sozialen Schichten behandeln, und sie ist auch transkulturell einsetzbar.

Endlich ein Psychotherapeut, der nicht behauptet, dass bisher alles falsch gemacht worden sei! Im Gegenteil: Der persische Arzt Nossrat Peseschkian, seit 1954 in Deutschland und mit eigener Praxis in Wiesbaden, bemüht sich um eine positive Sicht der verschiedenen therapeutischen Ansätze. Peseschkian ist Begründer der ›Positiven Psychotherapie‹; er sieht Konflikte und Leiden positiv. Zum Beispiel: Depressionen sind für ihn ›die Fähigkeit: Mit dem Körper *nein* zu sagen‹. Für Peseschkian leidet der Patient in Wirklichkeit an seinen Vorzügen. Mit dieser Sichtweise gewinnt der Patient Vertrauen, Sicherheit und ein neues Verständnis seiner Situation, das durch eine Analyse seiner Vorstellungen und Lebensmaximen vertieft wird. Um dem Patienten das Bewusstwerden seiner Konflikte zu erleichtern, erzählt der Therapeut Fabeln, Mythen und Sinnsprüche, in denen der Patient sich gleichnishaft wieder erkennen kann.

Diese Fabeln übernehmen in Peseschkians Therapie ähnliche Funktionen wie die Traumdeutung in der klassischen Psychoanalyse. Viele Leiden von Patienten werden in Wahrheit von Angehörigen verursacht (oder sogar ausgebeutet!). In diesem Fall muss die ganze Familie therapiert werden. Peseschkian gibt Anleitungen, wie durch Gruppengespräche die Familie sich selbst behandeln kann. Das Buch ist klar geschrieben. Es bietet dem Praktiker wertvolle Anregungen und eignet sich zur Orientierung für jeden, der sich mit seinen Konflikten auseinander setzt.«

Prof. Dr. Peter R. Hofstätter (1978)

»Der Autor ist bestrebt, den Patienten durch die Entwicklung der ›positiven‹ Aspekte seiner Psychopathologie zu gewinnen. In diesem spezifischen Sinne spricht Peseschkian von ›positiver‹ Psychotherapie. Sein Modell ist eine beachtenswerte Synthese von psychodynamischen und verhaltenstherapeutischen Elementen und stellt somit einen wesentlichen Beitrag zu den Einheitsbeziehungen innerhalb der Psychotherapie dar. Dabei ist Peseschkian darum bemüht, nicht direkt auf die Widerstände des Patienten zu stoßen. Die Beratung erfolgt in einer liebenswürdigen Weise durch Hinweise auf Dichterzitate, Sprichwörter, orientalische Märchen und Mythen, zu denen Peseschkian als Perser einen unmittelbaren Zugang besitzt. In einem unerschöpflichen Maße kann er seinen Patienten einen großen Schatz überlieferter Weisheit anbieten.

Wer die therapeutische Begeisterung und den Optimismus des Autors persönlich erfahren hat, versteht, dass diese Methode eines kurzen Psychotherapieverfahrens äußerst erfolgreich wirkt.«

Prof. Dr. med. Gaetano Benedetti, Psychiatrische Universitäts-Poliklinik, Basel (*in Medical Tribune, 1979*)

»Ich beneide Sie um die Fülle orientalischer Geschichten und deren Einfügung in die psychotherapeutische Praxis. Dass man nicht früher schon darauf gekommen ist, mit dieser Kommunikationshilfe zu arbeiten! Auch für Unterrichtszwecke finde ich diese Geschichten wichtig: Man kann sich gut die Widerstandsform, Projektionen, Transaktionen verdeutlichen und eventuell in Seminaren gruppentechnisch verwenden.«

Prof. Dr. med. Paul Christian, Facharzt für innere Medizin, Neurologie und Psychotherapie, Heidelberg (1980)

»Ich begegnete Nossrat Peseschkian zum ersten Mal in einer recht eigenartigen Situation. Jahrelang hatte ich einen Hochschullehrauftrag für Betriebspsychologie, Logik, Wissenschaftslehre und Kulturgeschichte und später für Studienreferendare über Methodik des geistigen Arbeitens wahrgenommen. Zu dieser Zeit – in den 70er Jahren – hatte ich außerdem schon 20 Jahre Managementseminare geleitet.

Methoden für Problemlösungen und Techniken zur Entscheidungsfindung standen neben der körperlich-seelischen Fitness im Mittelpunkt meines Interesses. Meine Suche nach praktisch nutzbaren Methoden, die in Übereinstimmung zu bringen waren mit einem einheitlichen Welt- und Kulturbild war bis dahin alles andere als befriedigend verlaufen.

In dieser Phase meines Suchens traf ich eines Tages im Tagungszentrum Sonnenberg im Harz Nossrat Peseschkian. Er hatte als Thema die praktische Alltagspsychologie und ich selbst das Thema ›Die Wege zur Erkenntnis aus der Sicht der Wissenschaft und Religion‹. Was ich bei Nossrat Peseschkian mit Erstaunen und vielleicht Neid entdeckte, war, dass er einen mir noch fremden Weg zur Einheit entdeckt haben musste und diese Einheit auch in seiner psychotherapeutischen Arbeit verwirklichte. Das neue Bild Nossrat Peseschkians von der Gesundheit und Krankheit mit den ausgeglichenen oder einseitig entwickelten Aktualfähigkeiten der zwei Bereiche Liebesfähigkeit und Erkenntnisfähigkeit sowie die fünf Stufen der Konfliktverarbeitung oder Behandlung haben mich mit der Psychologie und der Psychotherapie wieder versöhnt. Der endlose Methodenstreit war für mich bedeutungslos geworden. Ich erinnere mich noch heute mit Freude an einen Vortrag in der Kongresshalle Böblingen. Aus Stuttgart, Sindelfingen, Böblingen und Tübingen hatte ich zahlreiche Ärzte, Psychologen, Pädagogen und interessierte Laien eingeladen. Und sie kamen in großer Zahl. Unnachahmlich lebendig und mit seinen charakteristischen Einführungsgeschichten und Anekdoten hat Nossrat Peseschkian die 400 bis 500 Zuhörer mit seiner Darstellung der Positiven Psychotherapie gefesselt. In der langen Aussprache schilderte Nossrat Peseschkian auch, dass bestimmte Berufsgruppen bei manchen Krankheitsbereichen stärker vertreten seien. Er erklärte auch, weshalb manche traditionellen Bezeichnungen psychischer Krankheiten mehr diffamierend als differenzierend seien. Unbeeindruckt von diesem Hinweis fragte ein Arzt von der Empore herab, ob Dr. Peseschkian in seiner Praxis auch Ärzte behandle. Als er dies bejahte, wollte der Frager wissen, was diese Berufsgruppe in der bisher geläufigen Fachsprache so mehrheitlich als Krankheit aufzuweisen hatte. Die Antwort ergab zunächst betretenes Schweigen und dann große Heiterkeit. Ein Arztkollege soll dem neugierigen Frager deutlich hörbar zugerufen haben: ›So jetzt hosch dei Dreck. Hättsch dir doch denke könne, was mit manche von uns los isch.‹ Mein Freund Dr. Vescovi, der durch seinen Bericht über einen schwäbischen Landarzt mit dem Buchtitel ›Hippokrates im Heckengäu‹ bekannt geworden ist, hatte seine helle Freude an der Episode.

Der erstaunlich hohe Erlös der Veranstaltung floss übrigens an das Kinderhilfswerk der Vereinten Nationen, an UNICEF. Viele Teilnehmer drängten damals Nossrat Peseschkian, noch einmal nach Böblingen zu kommen und ein Intensivseminar über die Positive Psychotherapie zu veranstalten, was er auch tat. Bis heute fragen Ärzte, Psychologen und Lehrer immer wieder nach ihm.«

Prof. Adolf Kärcher

»Der durch mehrere Bücher und engagierte Fortbildungsaktivitäten bekannt gewordene Autor tritt mit einer neuen Veröffentlichung in Erscheinung, die in mehrfacher Hinsicht bemerkenswert erscheint. ›Wer allein arbeitet, addiert. Wer mit anderen arbeitet, multipliziert‹ ist als orientalische Weisheit der Einleitung vorangestellt. Der Autor folgt ihr insbesondere, was seine methodische Haltung, sein Krankheitsverständnis und seine transkulturellen Erfahrungen und daraus abgeleitete Ansätze betrifft. Das Buch ist in zwei Teile untergliedert. Der erste bringt die bisher ausgereifteste Darstellung der Positiven Psychotherapie. Der zweite Teil überträgt sie auf rund 40 psychosomatische Krankheitsbilder oder Störungsbereiche, u. a. Anorexia nervosa, Angst und Depression, Bandscheibenvorfall, Colitis ulcerosa, Diabetes mellitus, geriatrische Probleme, Herzphobie, Hypertonie und Hypotonie, Kopfschmerzen, Multiple Sklerose, Schlafstörungen, Schlaganfall, sexuelle Störungen, Zahn- und Kiefergelenkerkrankungen.

Um die doppelte Bedeutung *Positiv* im Namen dieser Therapie zu verdeutlichen, sei der Autor zitiert: ›*Positiv* (lat. positum: das Vorgegebene und das Tatsächliche) bedeutet hier, vom Tatsächlichen auszugehen. Die positive Deutung setzt gewissermaßen das Wissen um die Leiden und Nöte, Schmerzen, Sorgen und Trauer bei einer Krankheit voraus und konfrontiert mit einer weniger bekannten, *für* das Verständnis und den praktischen Umgang mit dem Leiden umso wichtigeren Seite der Krankheit: mit ihrer Funktion, ihrem Sinn und damit ihren positiven Aspekten. So lässt sich beispielsweise Anorexia nervosa interpretieren als die Fähigkeit, mit wenig Mitteln auszukommen und am Hunger der Welt teilzuhaben. Ähnlich lassen sich alle Krankheitsbilder und Symptome umdeuten.‹ Gesundheit, gesunde Anteile des Patienten und positive Seiten in der Erkrankung spielen eine hervorragende Rolle. Dadurch werden, wie auch die Fallbeispiele zeigen, in oft überraschender Weise Eigenaktivität des Patienten gefördert, das Selbstgefühl gestärkt und positive Beziehungen aufgebaut. Damit zielt die positive Psychotherapie ausdrücklich und betont auf Bereiche, die in jeder Psychotherapie als entscheidende Punkte für positive Therapieeffekte gelten. Klinisch wie theoretisch ist interessant, wie Elemente (der durch KBV-Richtlinien so streng getrennten Methoden) der tiefenpsychologisch fundierten Psychotherapie und der Verhaltenstherapie sich hier trefflich ergänzen. Dabei bleibt die eigene theoretische Position in sich geschlossen, plausibel und klar, insbesondere durch die vorgenommene Kategorisierung und Gliederung. Auf dem Hintergrund dieser Tendenz zum Ordnenden tritt eine der Stärken des Autors in seiner Therapie wie in der Darstellung seiner Anschauungen besonders wohltuend hervor, nämlich der Gebrauch von orientalischen, aber nicht nur orientalischen, Geschichten, Sprüchen und Weisheiten. Diese Elemente bleiben bei Peseschkian immer Teil einer therapeutisch klaren Strategie und entgleisen nicht zu deren Ersatz. Das

Buch gibt dem Arzt für die psychosomatische Grundversorgung ein praktikables Rüstzeug in die Hand, dem schulenorientierten Psychotherapeuten sehr Anregendes zu denken. Besonders instruktiv sind die Fallbeispiele mit Texten therapeutischer Gespräche, die einen Blick in die Werkstatt erlauben, in die Werkstatt eines originellen Meisters. Werden sich Schüler finden, die imstande sind, es ihm gleich zu tun?«

Prof. Werner König, Berlin (über: *Psychosomatik und Positive Psychotherapie*)

»Das Deutsche Kollegium für Psychosomatische Medizin, repräsentatives Organ für alle Belange der psychosomatischen Medizin, kennt neben der psychoanalytischen Psychosomatik eine klinische, eine integrierte und eine verhaltenstherapeutische Psychosomatik.

Dazu könnte noch die *positive* Psychosomatik kommen, wenn nämlich Psychosomatik und ›positive‹ Psychotherapie verbunden werden. Dieses Wagnis unternimmt der bekannte Dozent an der Akademie für ärztliche Fortbildung und Weiterbildung der Landesärztekammer Hessen. Seine Synthese von psychoanalytisch gesehener Konfliktdynamik mit verhaltenstherapeutischen Methoden ist als eine Methode innerhalb der Psychotherapie anerkannt. Von deren einzelnen Stufen sind Beobachtung/Distanzierung und Verbalisierung der Psychoanalyse sehr verwandt, während Inventarisierung, situative Ermutigung und Zielerweiterung eher an verhaltenstherapeutische Elemente erinnern. Hinter der Methode steckt auch eine Theorie, gekennzeichnet durch ein positives Menschenbild, ein Konfliktmodell mit Aktual-, Grund- und Schlüssel-Konflikt, mit Dualismus zwischen Erkenntnisfähigkeit (Kognition) und Liebesfähigkeit (Emotionalität), sowie zwischen primären und sekundären Aktualfähigkeiten.

Die Krankheitslehre unterscheidet vier Formen der Konfliktverarbeitung, nämlich: Flucht in die Krankheit, Flucht in die Arbeit, Flucht in die Geselligkeit oder Einsamkeit und Flucht in die Phantasie.

Entwicklungspsychologisch erinnern die drei Interaktionsstadien Verbundenheit, Differenzierung und Ablösung an die Separations-/Individuations-Phasen im Sinne von Margret Mahler. Die im Interview gestellte Diagnose wird im Fragebogen ergänzt. Die Theorie und Methode der positiven Psychotherapie werden nun auf 40 psychosomatische Krankheitsbilder angewandt. Dabei wird jede Krankheit nicht nur theorieimmanent positiv gedeutet, sondern auch wissenschaftlich definiert, in ihrer Symptomatik vorgestellt und im Hinblick auf transkulturelle Aspekte und Epidemiologie beleuchtet. Dazu kommen eine kurze Darstellung der einschlägigen Literatur, der Sprachbilder und von Volksweisheiten, Geschichten und Parabeln. Ein auf den Patienten bezogener Selbsthilfeanteil und ein Abschnitt für den Therapeuten mit einem anschaulichen Fallbeispiel kommen zu jeder Krankheit hinzu, schließlich noch ein krankheitsspezifischer Fragebogen. Dem Psychoanalytiker gefallen die Berücksichtigung von Übertragung und Gegenübertragung, und der Liebhaber orientalischer Geschichten und Parabeln kommt auf seine Kosten.

Auch die sonst vernachlässigte religiös-weltanschauliche Sphäre kommt nicht zu kurz. Die besprochenen Krankheitsbilder reichen alphabetisch geordnet von Anorexia nervosa und Bulimie über Diabetes, Gelbsucht, Haarausfall, Herzphobie, Krebs, Obstipation, Schlaganfall und Unfall bis zu Zahnerkrankungen. Dabei erlauben die übersichtlich gegliederten Abschnitte eine rasche Orientierung über jedes einzelne Krankheitsbild. Man spürt die positive Einstellung des Autors und ist angenehm berührt von der unterhaltsamen Art der Darstellung, der klaren Übersicht und freut sich beim Lesen über den belebenden Wechsel von wissenschaftlicher Abhandlung zu orientalischer Parabel. Insofern gehört das Buch zu den wenigen, die nicht nur Informationen vermitteln, sondern auch ein ausgesprochenes Lesevergnügen bereiten.«

Prof. Dr. med. P. Kutter, Institut für Psychoanalyse Frankfurt am Main; über: *Psychosomatik und Positive Psychotherapie* in: »Praxis der Psychotherapie und Psychosomatik« (Heft 5, 1992)

»Hiermit wird bestätigt, dass der Wiesbadener Weiterbildungskreis für Psychotherapie und Familientherapie (WIPF) unter der Leitung von Dr. med. Nossrat Peseschkian, Facharzt für Psychiatrie und Neurologie, Psychotherapie und Facharzt für Psychotherapeutische Medizin, Dozent an der Ärztlichen Akademie für ärztliche Fort- und Weiterbildung der Landesärztekammer Hessen (LAK) und der Kassenärztlichen Vereinigung (KV) Hessen für die gesamte 4-jährige Weiterbildung der Ärzte zum Zusatztitel PT in Deutschland voll anerkannt ist. Dieser Weiterbildungskreis verwendet die Behandlungsmethoden der Positiven PT und transkulturellen PT nach N. Peseschkian, die seit 1995 als tiefenpsychologisch fundierte Psychotherapie im Sinne eines Hauptverfahrens von verschiedenen Ausschüssen der LAK Hessen anerkannt ist. Eine Wirksamkeitsstudie im Rahmen der QS, verbunden mit einem Softwareprogramm, wurde von diesem Institut vorbereitet. Im Dezember 1997 bekam Dr. Peseschkian den Richard-Merten-Preis, den höchst dotierten und höchst angesehenen Preis für europäische QS in der Medizin, verliehen für die Arbeit ›Computergestützte Qualitätssicherung in der positiven Psychotherapie‹. Die Repräsentanten der LAK Hessen, der KV Hessen und der Bundes-KV ehrten vor 240 Kolleginnen und Kollegen in den Räumen der KV Frankfurt den Preisträger und Methodenbegründer Dr. N. Peseschkian.

Seit 1972 wird die Positive Psychotherapie in der Akademie

der LAK Hessen in Bad Nauheim gelehrt. Bisher wurden 4600 Kolleginnen und Kollegen in der Behandlungsmethode weitergebildet von den Dozenten des Wiesbadener Weiterbildungskreises.«

Prof. Dr. med. Cornelia Krause-Girth, Vorsitzende des Deutschen Dachverbands für Psychotherapie (DVP) (1998)

»Die von Peseschkian begründete Positive Psychotherapie ist ein tiefenpsychologisches Verfahren, das nicht nur das individuelle Unbewusste, sondern auch das kollektivtypische zur Erklärung der Psychodynamik heranzieht. Mehr noch als in der Jungschen analytischen oder komplexen Psychologie wird das Unbewusste im transkulturellen Vergleich verstanden. Es wird dabei anhand von Märchen und Parabeln aus den orientalischen und anderen Kulturkreisen das Selbsthilfepotenzial eines Menschen zu erkennen und zu fördern gesucht. Anhand der Symbolbedeutung von Sprichwörtern und alten, in verschiedenen Kulturen angesiedelten Lebensweisheiten werden die Angesprochenen in der Psychotherapie zu einer positiveren Sichtweise ihrer selbst geführt. Dabei wird stets versucht, den Menschen nicht nur von seiner Psychopathologie, sondern auch von seinen Fähigkeiten her zu verstehen und ihn zu ermutigen, die in der Behandlung gewonnenen Einsichten in die soziale Realität umzusetzen.«

Prof. Dr. med. R. Battegay (2000)

Grußwort des Vorsitzenden der Akademie für ärztliche Fortbildung und Weiterbildung der Landesärztekammer Hessen anlässlich des Weltkongresses der Positiven Psychotherapie in Wiesbaden:

»Das letzte Jahrhundert hat zu einer unvorstellbaren Bereicherung in fast allen medizinischen Fachdisziplinen geführt. Das spiegelt sich in der Zunahme der Lebenserwartung deutlich wider. Ein derartiger Vorteil kann jedoch nur dann positiv genutzt werden, wenn er mit einer dementsprechenden Lebensqualität ausgestattet ist.

Zu dieser Lebensqualität gehört, dass die Menschen untereinander, aber auch gleichzeitig für sich selbst eine Zufriedenheit besitzen. Gerade die Weiterentwicklungen in der Medizin, insbesondere in der Medizintechnik, haben aber dazu geführt, dass technische Belange bei der Diagnostik und Therapie einer Erkrankung einen höheren Stellenwert erfahren als es häufig dem betreffenden einzelnen Erkrankten lieb ist. Auf der einen Seite wünscht er eine umfassende Leistung, auf der anderen Seite fürchtet er, dass seine individuelle Persönlichkeit bei zu viel Technik ›in Vergessenheit‹ geraten könnte.

Um dieses Defizit an persönlicher Zuwendung zum Kranken immer wieder auszugleichen, bemüht sich die Psychotherapie.

Mit Freude hat die Akademie für ärztliche Fortbildung und Weiterbildung der Landesärztekammer Hessen es begrüßt, dass Herr Dr. Nossrat Peseschkian den 2. Internationalen Kongress für Positive Psychotherapie in der Landeshauptstadt Wiesbaden abhält. Seit 1972 führt unsere Akademie diese Kurse durch, und viele Kolleginnen und Kollegen haben sich von seinem Modell der Synthese von psychodynamischen und verhaltenstherapeutischen Elementen überzeugen lassen, um nicht in die Situation der ›reinen Medizintechniker‹ zu kommen. Davon profitieren die einzelne Patientin und der Patient in der Praxis.«

Prof. Dr. med. E.-G. Loch, Vorsitzender der Akademie (2000)

Nossrat Peseschkian – Lebenslauf

1933 Geburt in Kaschan, Iran.
1941 Umsiedlung der Familie nach Teheran.
1946 Gymnasium.
1951 Tod der Mutter.
1952 Abitur.
1953 Literaturstudium im Iran.
1954 Ankunft in Freiburg i. Br.
      Beginn des Medizinstudiums an der Albert-Ludwigs-Universität.
1955 Studium in Mainz, Johannes-Gutenberg-Universität.
1957 Praktika in Kliniken im Iran.
1959 Studium in Frankfurt am Main.
1960 Mai: Staatsexamen.
1961 Tätigkeiten in Kliniken in Teheran; er lernt seine zukünftige Frau Manije kennen. Im Dezember Heirat in Teheran.
1962 Februar Rückkehr des Ehepaares nach Frankfurt am Main; kurz darauf Übersiedlung nach Wiesbaden; Aufnahme der Tätigkeit in der inneren Abteilung der Medizinischen Klinik.
      Dezember: Geburt des Sohnes Hamid.
1963 Assistenzarzt in der Psychiatrisch-Neurologischen Klinik.
1963 Beginn der Psychotherapie-Weiterbildung in Bonn.
1964 Beginn der Dissertationsarbeit; Umzug nach Bad Schwalbach; Stationsarzt in der dortigen Klinik; Februar: Geburt des Sohnes Nawid. Ende des Jahres Umzug nach Neu-Isenburg.
      Dezember: Assistenzarzt im Maingau-Krankenhaus in Frankfurt am Main.
1965 Aufenthalt in USA (Praktikum);

Forschungsreise in den Iran; Assistent in einer Psychiatrischen Klinik bis Januar 1966.

1966 Assistenzarzt auf der Psychiatrischen Männerstation und auf der Intensivstation bis April 1967 in den Universitätskliniken Frankfurt am Main;
Fortbildungslehrgang in Bäder- und Klimaheilkunde sowie physikalischer Medizin an der Medizinischen Fakultät der Justus-Liebig-Universität Gießen.

1967 2. Stationsarzt in der Neurochirurgischen Universitätsklinik Frankfurt am Main.

1968 Studienaufenthalt an der Humboldt-Universität, Ost-Berlin; Dissertation; Promotion (Dr. med.);
Facharzt für Nerven- und Gemütskrankheiten (Neurologie und Psychiatrie); Studienaufenthalt in Österreich.
Gastarzt an der Johannes Gutenberg-Universität Mainz;
Studienaufenthalt in der Klinik Otto Büchinger, in Überlingen;
Dezember: Studienaufenthalt im Pilgrim State Hospital, New York/USA

1969 Januar: Studienaufenthalt im South Florida State Hospital, Hollywood, Florida/USA;
April: Umzug der Familie nach Wiesbaden;
Mai: Eröffnung der Praxis.

1970 Einrichtung der Psychotherapeutischen Selbsterfahrungsgruppe Wiesbaden (PEW).

1971 Einrichtung der jährlich stattfindenden Bad Nauheimer Psychotherapie-Woche.

1973 Approbation als Arzt und KV-Zulassung.
Einrichtung der Tagesklinik für Psychosomatik und Psychotherapie in Wiesbaden (sie bestand bis 2000).

1977 Visiting Lecturer an der Universität Shiraz (Iran).

1978 Gründung der Deutschen Gesellschaft für Positive Psychotherapie e. V. (DGPP).

1984 Erwerb der deutschen Staatsangehörigkeit; Einbürgerung der Ehefrau und der Söhne.
1990 Tod des Vaters.
1996 Facharzt für Psychotherapeutische Medizin.
1997 1. Weltkongress der Positiven Psychotherapie St. Petersburg (Russland).
1999 Facharzt für Psychiatrie und Psychotherapie.
2000 2. Weltkongress der Positiven Psychotherapie in Wiesbaden.

Anhang

Danksagungen

Ich danke Frau Dipl.-Komm.-Psych. Sandra Hedrich für ihre geduldige Mitarbeit bei der Verfassung des Textes, die sie unter schwierigen Arbeitsbedingungen erfolgreich leistete.

Ich danke Frau Dipl.-Psych. Annett Marschall für ihre engagierte Mitarbeit bei der Fertigstellung des Manuskripts.

Ich danke Frau Dipl.-Psych. Carolin Brand für die Mitarbeit bei der Transskription des Interviews.

Ich danke Frau Anita Jantzer, die das Manuskript lektoriert hat.

Ohne die Ermutigung seitens meiner Frau Katrin Schlencker und ihrer moralischen Unterstützung hätte dieses Buch nicht entstehen können. Sie verzichtete nicht nur auf unseren gemeinsamen Jahresurlaub, sondern stellte ihre Bedürfnisse auf bezaubernde Weise hinter den Anforderungen dieses Projektes zurück.

Ich danke Nossrat und Manije Peseschkian für das mir entgegengebrachte Vertrauen und die offene und herzliche Zusammenarbeit bei der Sichtung der Quellen für dieses Buch.

Thomas Kornbichler
Berlin / Schöbendorf, September 2002

Manije Peseschkian: Einige Gedanken und Danksagungen

»Erinnerung ist das einzige Paradies,
aus dem wir nicht vertrieben werden können.«

Jean Paul

Der 70. Geburtstag meines Mannes bietet mir die willkommene Gelegenheit, zu unserer langjährigen Ehe folgende Geschichte vorzutragen:

Der Wissenschaftler und sein Chauffeur

> Ein bekannter Wissenschaftler hielt häufig vor einem großen Fachgremium Vorträge über sein Fachgebiet. Er war als Redner sehr geschätzt und die Zuhörer voll des Lobes. Zu diesen Vorträgen ließ er sich von seinem Chauffeur fahren, der dann in einer Ecke des Saales saß und zuhörte.
> Eines Tages war der Wissenschaftler so müde, dass er sich außerstande fühlte, seinen Vortrag zu halten. Er sagte zu seinem Chauffeur: »Eigentlich können Sie doch den Vortrag halten, Sie wissen doch, was ich sonst immer sage.« Der Chauffeur willigte ein, hielt den Vortrag und machte seine Sache gut. In der anschließenden Diskussion wurden Fragen gestellt, die er aber nicht beantworten konnte. Er überlegte einen kurzen Moment: »Ihre Frage ist so einfach, dass sogar mein Chauffeur die Antwort geben kann«, sagte er und gab die Frage mit einer entsprechenden Handbewegung an den in einer Ecke sitzenden Wissenschaftler weiter.
>
> (aus: *Steter Tropfen höhlt den Stein*)

Heute, nach über 40 Jahren Ehe, sehe ich rückblickend, dass ich oft die Rolle des Chauffeurs übernommen habe.

Meine erste Begegnung mit Nossrat fand 1956 statt, auf einer Hochzeitsfeier in Teheran. Da trafen sich der Medizinstudent, der gerade aus Deutschland zu Besuch war, und die 16-jährige Schülerin Manije.

Der Autor bat mich darum, ihm alle notwendigen Informationen über das Leben und Werk meines Mannes für dieses Buch zur Verfügung zu stellen. Die Herausforderung hat mich motiviert und ich begann Material zu sammeln und Texte zu schreiben. In Gedanken hatte ich vieles bereits formuliert. Einiges aus der Laudatio zur Verleihung des Richard-Merten-Preises an meinen Mann diente als Grundlage. In den letzten beiden Jahren verging kaum ein Tag, an dem mich das Buch nicht auf diese oder jene Weise beschäftigt hätte. Ich recherchierte und trug stets neue Materialien zusammen. Dies inspirierte mich, und Gespräche mit Verwandten und Freunden ließen zusätzlich neue Gedanken aufkommen; ich fühlte mich von vielen Seiten bestärkt.

Im Vordergrund stand die Überlegung, was diese Biographie enthalten sollte, welcher Aspekt in den Lebensperioden meines Mannes jeweils am bedeutsamsten gewesen war. Oft wurde sein Leben durch weit auseinander liegende Ereignisse und Episoden geprägt, die sich in ihrem Zusammenwirken gleichsam wie die Teile eines Puzzles zusammenfügten. Ich habe versucht, die vielen Fäden zu einem Gewebe zu verflechten, das den Hintergrund für das hier vorliegende Porträt bildet. Die Mitarbeit an dieser Biographie – vor allem die Kapitel unter »Morgenland« – ist mein Dank an alle Menschen, die im Leben meines Mannes Bedeutung hatten und haben.

Vieles können wir ohne die Unterstützung einer anderen Person nicht erreichen; in meinem Leben ist dies Nossrat Peseschkian gewesen. Bei der Arbeit an dieser Lebensgeschichte ist es mir bewusst geworden, wie sehr mein Leben durch die Begegnung mit ihm geprägt wurde – und dafür bin ich sehr dankbar. Das Leben mit ihm hat uns als Ehepaar, als Eltern und als Großeltern bereichert. Aus einem Paar wurde eine zehnköpfige Familie. Ich danke unseren Söhnen, Hamid und Nawid, und den Schwiegertöchtern Barbara und Shida für ihre Liebe und ihren Beistand. Ich bin dankbar für die Fragen, die meine Enkelkinder Leyla, Tara, Farid und Samira mir stellen und die Träume und Phantastereien, die sie mir zuflüstern oder vorsingen. All dies beflügelte mich zur Mitarbeit an diesem Buch.

Vielleicht entdecken manche Leser, dass sich einiges in dieser Biographie mit ihren eigenen Gedanken deckt. Und ich wünsche mir, dass dies eine interessante Lektüre ist.

Mein besonderer Dank gilt Herrn Dr. Thomas Kornbichler, dem Initiator dieses Buches, wie Frau Margot Duckgeichel für ihre sorgfältige Schreibarbeit meiner Texte.

Manije Peseschkian
Wiesbaden, September 2002

Bildnachweis

Sämtliche Fotos: Privatbesitz Nossrat Peseschkian
Die Abbildung auf S. 61 wurde dem Buch »Psychosomatik und Positive Psychotherapie« von Nossrat Peseschkian entnommen.

Anschriften / Kontakte

Wiesbadener Akademie für Psychotherapie
Prof. Dr. med. Nossrat Peseschkian
Langgasse 38–40
65183 Wiesbaden
Tel.: +49 0611-37 37 07
Fax: +49 0611-3 99 90
E-Mail: Info@wiap.de
Internet: www.wiap.de

Internationales Zentrum für Positive und Transkulturelle Psychotherapie e. V. (IZPP)
Internet: www.positum.org
und: www.transkulturell.de

Märkisches Institut für Psychotherapie
Dämmchen 17–21, D-15837 Baruth-Schöbendorf
Tel.: +49 3 37 04-6 61 34, Fax: +49 3 37 04-6 61 33
Email: info@maerkisches-institut.de
Internet: www.psychokompetenz.de
Internet: www.maerkisches-institut.de

Die Aufarbeitung der Geschichte der Psychotherapie ist Aufgabe von Psyche – Museum für Psychotherapie
Träger: ich e.V. – gemeinnützig anerkannter Verein
Dämmchen 17–21, D-15837 Baruth-Schöbendorf
Tel.: 03 37 04-6 65 44, Fax: 03 37 04-6 61 33
Email: info@psyche-museum.de
Internet: www.psyche-museum.de

Nossrat Peseschkian

Psychotherapie des Alltagslebens
Training zu Partnerschaftserziehung und Selbsthilfe
Band 1855

Der Kaufmann und der Papagei
Orientalische Geschichten als Medien in der Psychotherapie
Band 3300

Positive Familientherapie
Eine Behandlungsmethode der Zukunft
Band 6761

Positive Psychotherapie
Band 6783

Psychosomatik und Positive Psychotherapie
Transkultureller und interdisziplinärer Ansatz
Band 11713

Auf der Suche nach Sinn
Psychotherapie der kleinen Schritte
Band 6770

33 und eine Form der Partnerschaft
Band 6792

Das Geheimnis des Samenkorns
Positive Streßbewältigung
Band 14569

Fischer Taschenbuch Verlag

Carl R. Rogers
Therapeut und Klient
Grundlagen der Gesprächspsychotherapie
Mit Beiträgen von
Madge K. Lewis, John M. Shlien, John K. Wood
Herausgegeben und mit einem Vorwort von Wolfgang M. Pfeiffer
Aus dem Amerikanischen von Ute Seeßlen
Band 42250

»Die Entwicklung der Gesprächspsychotherapie in Deutschland läßt verschiedene Abschnitte erkennen. Das Erscheinen der Werke von Carl R. Rogers in deutscher Sprache leitete hier einen grundsätzlichen Wandel ein. Es förderte das Streben nach Selbsterfahrung (sei es in Form von Encountergruppen oder von Lehrtherapien) und begünstigte die Öffnung gegenüber anderen therapeutischen Richtungen. Dieser Band ist geeignet, in weiten Bevölkerungskreisen Resonanz zu erwecken und wird damit die Impulse verstärken, die von der klientenzentrierten Psychotherapie auf die verschiedensten Bereiche therapeutischer und beratender Gesprächsführung in Deutschland ausgehen. Nach unserer Meinung ist es nun an der Zeit, daß die jüngeren Mitarbeiter von Rogers in deutscher Übersetzung zu Wort kommen. Damit wird Kritik an manchen gewohnten Positionen laut werden...Zugleich werden aber Ansätze, die sich schon bei Rogers finden, weiterentwickelt.« *Wolfgang M. Pfeiffer*

Fischer Taschenbuch Verlag